理不尽な国際情勢と宗教の本質を読み解く

「美《うま》し国」日本の底力

外交評論家
加瀬英明
元駐ウクライナ大使
馬渕睦夫

ビジネス社

はじめに

これまで私は選び抜かれた、優れた相手と対談本を発表する僥倖《ぎょうこう》に恵まれてきた。山本七平《やまもとしちへい》氏（１９７９年）、渡部昇一《わたなべしょういち》氏（１９９９年）、石平《せきへい》氏（２０１０、17年）と、本書の馬渕睦夫《まぶちむつお》大使である（註）。

いまだに、人類は宗教や、民族対立による抗争が絶えない。

私と馬渕大使は本書の対談を通じて、日本しか世界を救うことができないという、結論に達した。詳しくは、本文をお読みいただきたい。

＊　＊　＊

日本国民は、１５０年前の明治元（１８６８）年に本格的に開国するまで、外国と接触することがほとんどなかった。

そのために、私たちは外国人というと「同じ人間だから、心が通じるはずだ」と十把一《じっぱひと》絡《から》げにして、とらえやすい。

だが、国や民族はそれぞれ地理的条件や、信仰する宗教、歴史体験によって、考え方や生き方――行動様式が大きく異なっている。

外国といっても、動物界が虎、象、ワニ、カバ、猿、馬、羊まで分かれるように、多様な国や民族が競っている。

日本が世界に立ち向うときには、それぞれの国や民族の性格をよく学んで、あわせて日本の民族性を知る必要がある。

私はオノ・ヨーコがいとこであることから、ジョン・レノンと親しかった。

1970年代半ば、ニューヨークに出かけた際、ヨーコに電話をしたら「あら、顔を見たいわ」と言うので、セントラル公園《パーク》の脇にあるダコタ・アパートメントを訪ねた（ジョンは、後にダコタの玄関に入るところを、精神異常者によって生命《いのち》を奪われた）。

教えられた階でエレベーターを降りると、目の前に、短髪の男性が立っていた。髪を切っていたので、ジョンだと気づかなかった。

私を見ると、「ハーイ、アイム・ユア・カズン・ジョン（僕が君のいとこのジョンだよ）」といって、さっと右手を差し出した。ジョンと握手を交した。

長い廊下を通って、そのまま台所に案内された。ヨーコがもう昼過ぎだったが、ネグリジェを着て台所にいた。

ジョンが「君が、僕が初めて会うヨーコの親族だ。君が来るというので、パンを作る学校に通って、パンを焼く勉強をしたんだよ。新約聖書に遠くからいとこが訪ねてくるのをもてなすために、パンを焼いて二つに割って食べたという話が載っているのを、知っているだろ?」と言ってオーブンを開けると、パンを取り出した。

「僕が生まれて初めて焼いたパンだよ」と言って、しばらくテーブルの上に置いて冷ましてから、手に取って二つに割ると、半分をすすめてくれた。温くふっくらとして、美味しかった。

「ボールに粉とイーストを入れて混ぜて、100回ぐらい叩きながら捏《こ》ねるんだ……」

ジョンが目を輝かしながら、パン作りについて解説した。

それから、私はパン作りに興味を持つようになった。

といっても、台所仕事に天分をまったく欠いていることを、よく知悉《ちしつ》していたから、自分でパンを焼こうと思ったことはない。

マンハッタンでは、ブロードウェイのミュージカルの高名な作詞・作曲家や、大御所の画家の夫婦と親しくしていた。みなユダヤ系だ。

夕食に招かれたところ、自宅でベーグルを焼くというので、台所に入ってベーグルを作るところをしばらく見学した。ベーグルは、ユダヤ人独特のパンだ。

台所では黒人の通いのメイドが、ベーグルを作るところだった。

ボールに粉を入れ、イーストと砂糖と塩を加えた上で、お湯をそそいで、スプーンで軽く掻きまわしはじめた。「沸騰させたお湯では、いけないんだ」と愛想よく黒人訛りの英語で言って、粉が混ざるとボールから取り出して、体重をかけながら力を込めて10分ぐらい捏ねた。

その上でテーブルに載せて、1時間ほど休ませた。

台所に頃合いを見て戻ると、1分ほど茹でてから、オーブンに入れた。

私はベーグルには、蜂蜜をたっぷりと混ぜても、牛乳も、バターも、いっさい使わないことを学んだ。

東京に戻ってから、しばらく後にフランス人の家庭に招かれた。夫人がクロワッサンを作るところを、頼んで見せてもらった。

粉に、牛乳、砂糖、塩、イーストの順番で加えて、10分ほど捏ねてから、そのまま小1時間、発酵するまで待つのだ。

私は母親から、皿洗いから、ボタンを付けることまで、男が女性の領域を侵してはならないと、厳しく躾けられて育った。今でも、よほど必要に駆られないかぎり、台所に立ち入らない。

だが、国際政治を専門とするようになってから、それぞれの国や民族の生い立ちや、宗教を知ることが入り口となるために、民族性や、国民性を作り上げたレシピを研究することが、何よりも大切なことを、肌身をもって知るようになった。

そんなことから、ジョンとの会遇が手伝って、パン作りのレシピに興味をいだくようになった。暇なときには、愚妻から借りた料理の本のページをめくる。外食して外国の料理を味わうときに、知的な愉しみが加わる。

＊　＊　＊

私は、近代日本を作った江戸時代に魅せられてきた。日本の力は国民の徳性がきわめて高いことから発しているが、残念ながら明治に入ってから取り組んできた文明開化によって、私たちの心は蝕まれてきた。現在、いまだに文明開化が進んでいる。

私は、「宗教は民芸品だ」と説いてきた。それぞれ民芸品を見れば、作った人々の性格が分かるから、宗教や神話は民族性を知るために、格好の手がかりとなる。

結局のところ、日本の力は「日本人らしさ」しかない。

日本は江戸時代の２６０余年にわたって鎖国を行ったために、国民が外の世界と往き交うことがなかったことから、きわめて独特な文化を培うようになった。キリスト教やイスラム教が、外へ向かって拡がろうとする力によって駆られてきたのと違って、神道は内に籠る信仰であるから、鎖国に適っていた。

ところが、外界と接触する機会がなかったために、日本と外国を比較することができなかった。日本国民は自分の姿を映して見る鏡を、持っていなかった人に似ていた。

私たちは外国の社会や文化と較べることによって、自国について学ぶことができる。外国を知らなければ、自国の魅力に気付くことができない。

馬渕大使は、世界諸国の文化と歴史に、通暁されている。まさに、日本外交界の至宝だ。今回の対談は、ＤＨＣテレビで行われた。私にとって、新しい知識と見方を学び、いっそう明徹な眼をもって日本と世界を眺め、明日へ向かって活力を増すことができた。

本書を読者にお届けするのにあたって、ビジネス社に感謝したい。

平成二九年八月

加瀬英明

（註）『イスラムの発想』（山本七平氏・徳間書店）、『起て！ 日本』（渡部昇一氏・高木書房）、『ここまで違う日本と中国』（石平氏・自由社）、『明治維新から見えた 日本の奇跡、中韓の悲劇』（石平氏・ビジネス社）

第二章　ユダヤ教とグローバリズムのワナ

第三章 信仰から見えるロシアの大地と国民性

第四章 イスラム教と反グローバリズムの潮流

第五章　明治維新150年目の岐路に立つ日本

第六章　日本の「国体」と天皇のあるべき姿

第一章

日本の神道は、なぜ世界をリードするのか

神道の一番の特徴は「宗教」ではないこと

加瀬　馬渕大使とはですね、いろいろな座談会ではご一緒したことがありますけれども、こういう一対一は初めてで、本当に楽しみにやってきました。

馬渕　私も非常に光栄に思っております。じっくりと先生と対談できるのは、今回が初めてのことですから。

加瀬　これから大使と日本の強さについて、話し合っていきたく思います。まずは、私が日本の強みの源泉だと考える神道について、お話していきましょう。

神道の一番大きな特徴といえば、これは「宗教」ではないということですね。なにしろ開祖というものがいません。たとえば、キリスト教の開祖はご存じの通りイエス・キリストで、イスラム教の開祖はムハンマド（マホメット）ですが、神道には開祖とされる人はいませんし、そもそも、いつ始まったのかということすら分かっていないのですね。

それから、教典がないのも大きな特徴です。また、決まったお祈りの言葉もない。たとえばキリスト教だと、「天にましますわれらの神よ、願わくば御名《みな》が尊ばれんことを」と書いてあります。

「神道」はいつから存在しているのか？

・「神道」の初出は「日本書紀」（西暦720年）

「天皇、仏法を信（う）けたまひ、神道を尊びたまふ」
（用明天皇紀）

※ちなみに「神道」とは「かんながらの道」という意味

もちろん、仏教には「お経」がありますしイスラム教にも教典がある。ユダヤ教にもありますが、神道はそれらの宗教と違って、神殿の前で目をつぶって、各自思い思いのお願いごとを頭の中に浮かべるだけなんですね。

小さな子供だったら「もっとお小遣いが欲しい」とか、サラリーマンだったら「今度のボーナスが多く出るように」とか……（笑）。

加えて、「教団がない」ともいえるのではないでしょうか。もちろん、「神社本庁」という組織がありますから、それが教団にあたると言えなくもない。しかし、神道には最高指導者にあたる人はいません。

だいたい、「神道」という名前自体が非常に新しいものです。我々が神道と呼んでいるこの信仰――これは精霊信仰ですが――は古いもので、「神道」という名前が付いたのは仏教が伝来してきたときなのです。それまでは神道という呼び名自体がなく、「古道《ふるいみち》」などと呼ばれていました。「神道」というのは仏教と区別するために付けられたものなんですね。

馬渕　加瀬先生が今、おっしゃったように、開祖がいないということ、また、もともと「○○教」という言葉がなかったということは、当時の日本にいた古代人が、なんとなく「神道的」としか言いようがないけれども、そういう生活をみんながしていたということなのでしょう。

私のささやかな『古事記』の知識から言えば、天地が分かれたときに、目には見えないけれども天之御中主神《あめのみなかぬしのかみ》という神様がすでに存在した、ということから始まるわけです。したがって、「開祖がどこにいた」のではなくて、天地の始まりと同時に、そういう神様がいたということですから、一神教的な神を信じるべきだとか、信じないのは悪だなどという発想がそもそも出てこないのです。

加瀬　だから僕が思うのは、神道は世界における「宗教」という定義からまったく外れている、つまり〝宗教ではない〟ということですね。

第一、「宗教」という言葉が日本語になったのは、せいぜいこの120年くらいの話ではないですか。江戸時代まではなかった言葉なのですから。

明治に入ってから、それまで禁止されていたキリスト教を解禁しました。欧米列強が「キリスト教布教を認めるように」と脅したものだから解禁したわけですが、「自分の宗派が唯一正しくて、それ以外は全部正しくない」という排他的な信仰が本格的に日本に入ってきたのは、実はこれが初めてのことなんです。安土桃山時代にもやっては来ましたが、ごく短期間でしたから。

そこで、英語で言う「religion」に対応する日本語を作らなきゃいけないということで「宗教」という奇妙な言葉を編み出して、今日に至っているんですね。今、ほとんどの国民が、それを知らずに日常的に使っていますけれども……。

江戸時代には「宗門」「宗派」「宗旨」などという言葉はありましたが、みんなそれぞれの〝シマ〟で仲良くしていました。

だから、宗教などという言葉を聞くと違和感があります。どこか、借り物の言葉という印象を受けてしまうのです。

馬渕　私は神道というと、「かんながらの道」っていうのが、しっくり来るんですね。「かんながらの道」、要するに「神様と一緒に生きる道」というような、そういう意味だと思います。私は、古代人が神様と一緒に生きてきたと言うか、もっと言えば「古代人の生活そのものが神道だった」とも言えるのではないか、という気がしているんですね。

神道における「神」とは一体何なのか？

加瀬　そもそも「神」という言葉自体、神道では非常に曖昧模糊《あいまいもこ》としていますね。神はあらゆるところにおいでになる。石ころの中や草木の中にも、そして水の中にもおいでになるわけです。また、我々人間も、神の中に入るんですよね。

馬渕　そうなのです。神の子孫だということになっていますからね。

加瀬　だから「すべてが神」ということなので、他の宗教と比べること自体が非常に難しいわけです。

馬渕　今、加瀬先生がおっしゃったことは実に本質的なことだと思います。我々も神の子孫であるというか「一部」であるという発想と、一神教のように我々人間は絶対神に作られたものであるという発想は、考え方として根本的に違うんですよ。

だから、そこからあらゆるものに対する見方、考え方が違ってきます。「神様は絶対的な存在なのだ」とする発想は、創造神と人間とは隔絶しているという解釈であり、これは一神教の考え方ですね。

ところが日本の場合は、もう我々の生活そのものが「かんながらの道」なのですから、我々自身が神様の子孫だという発想となります。すべての事物に神様が宿っておられるという発想ですから、これはもう一神教とは180度違うわけです。一神教も神道も、同じ「神」という言葉を使うから、誤解が生じるのかもしれませんが。

加瀬　神道では、宇宙がどうやって生まれたのかについて、自然に生まれたと説明しています。近代科学でいうところの「『ビッグバン』によって宇宙が誕生した」というのと非常に近いんですね。

馬渕　そうなんです。古事記の冒頭部分に書いてあることは、実は「ビッグバン」なのかもしれない。

ご承知のように、この宇宙は「ゴッド（god）」が作ったというのが一神教の発想です。ところが、神道ではそうではありません。〝作った〟のではなく〝生まれてきた〟ということなんですよ。

加瀬　今、全世界で叫ばれている「エコロジー（ecology）」。あの考え方も、神道に非常に近いですね。

馬渕　そう思います。「エコロジー」とは、生きとし生けるものが自然と共生するということであり、それは自然をお生みになった神々と共生するということですから。今は残念ながら「かんながらの道」を意識して生活している人は、ほとんどいないと思いますが、我々日本人のＤＮＡの中には確かにそれが息づいているんだろうという気がします。だから本書を通じて、読者の方々にも気付いていただければと思うわけです。

無論、別に神道を我々が伝道しているわけではありません。神道は伝道をしませんし、そもそも伝道する必要がありませんから。

加瀬　だから仏教が入ってきて、それで今まであった信仰に「神道」という名前を付けたわけで、神社の建造物、つまりお社《やしろ》も実はなかったんです。それまでは、山を拝んだり大木があれば大木を拝んだり、岩だったり、いろいろなものを拝んでいました。

その後、仏教のお寺に「対抗する」という言い方はおかしいかもしれませんが、いわば「真似た」という感じで、お社を作るようになるんですね。

大使は何度も皇居の新宮殿においでになっていらっしゃると思いますけれども、新宮殿に上がると、床が高くて上に千木《ちぎ》も乗っています。

馬渕　あ、千木まで見ていなかったです（笑）。

加瀬　そうですか。ただ、建物の内部は宮殿の雰囲気ではないですね。

馬渕　そうですね。

加瀬　たとえば中国の北京には、歴代の皇帝が住んでいた「故宮《こきゅう》」がありますね。あれはキンキンギラギラです。瓦が金色をしていて、まばゆいような宝物が置いてあります。ところが、皇居には金銀の装飾が何もないですね。

馬渕　ありませんね。神社そのものという雰囲気です。

神道は言葉ではなく「心」の上に成り立っている

加瀬　ユダヤ教・キリスト教・イスラム教というのは、根っこが同じものなので、その意味では「三部作」の宗教といえます。また、仏教も根っこは違いますが、同じような宗教でしょう。

というのは、ユダヤ教・キリスト教・イスラム教・仏教のいずれも、人類が文字を持つようになってから生まれた宗教なんです。一方、日本の神道は私たちが文字を持つ前からすでに存在していました。

仏教が日本に入ってくるまでは、日本には「論理」という概念などありません。ところが仏教と一緒に入ってきた儒教は、論理の上に構築されているわけです。ということは、言葉の上に成り立っているんですね。ところが神道は、言葉の上ではなく「心」の上に成り立っているんです。

ユダヤ教、キリスト教、イスラム教、そして仏教もそうですが、これらの宗教は、言葉と論理、真理を重んじる。一方、ポリネシア、インドネシア、フィリピンから日本までは、言葉や論理、真理は重んじません。真理よりも「心」を重んじるんです。

論理というのは、言ってみれば「理屈」ですね。日本では、この「理屈」「論理」というものは軽んじられています。

馬渕　ええ、まさに理屈っていう言葉が持つ響きがそうですよね。「理屈をこねる」「理屈っぽい」というように悪い言葉ばかりなんですよ。「屁理屈」とかね。

加瀬　「理屈なんて言うな」と日本人は言うでしょ。でも、英語で「ロジックを言うな」なんて言ったらとんでもないことで、怒られちゃいますよ。日本語における「理屈」に相当する表現が、英語にはありません。

まぁ、せいぜい「Don't argue」ぐらいでしょうか。でも「Don't argue」というのは「理屈を言うな」ではなくて「論争はやめろ」ということですからね。

馬渕　確かに。

加瀬　そういう言葉や論理が入ってくる前から、神道はあるわけです。だから論理や言葉というのは、神道ではものすごく嫌われます。神道の一番基本にあるのは「言挙《ことあ》げをしない」ということ。つまり、言葉を多く使うなということですよね。なるべく寡黙《かもく》で黙っているほうが良い。

ところが、ユダヤ教、キリスト教、イスラム教、仏教圏では、言葉っていうのは非常に重要で、饒舌《じょうぜつ》なほうが良いわけです。

「正しい、正しくない」ではなく「清いか、汚れているか」

加瀬　一方、神道の場合には、善と悪、正しいとか間違っているというような対立関係ではないですよね。

私はフィリピンに今まで4回行ったことがあるのですが、タガログ語、イロカノ語、ビサヤ語あたりの言語は、どういう言葉なのかとか、キリスト教が入ってくる前の信仰はどういうものなのかとかを、仕事の時間が空くと現地の人々に聞いたんです。

それによると、日本の神道と同じように、善と悪とか、正しい誤っているというのを分けません。あらゆることを「美しいか、醜いか」で分けるんです。

日本の神道もそうなんですよね。何が正しい、何が間違っているのかよりも、「何が清くて何が汚れているか」「何が美しくて何が美しくないか」ということで物事を判断している。

ちなみに宝塚歌劇団は、「清く正しく美しく」と言うじゃないですか。これはまったく神道の言葉ですよね。

馬渕　それをちょっと別の言葉から言いますと、清く正しく美しいのは、調和が取れているということでもあるんですね。つまり、日本人の「和」です。我々の価値観の「和」というのは、そういうことなんだと私は思います。だから、理屈で言い負かす人が日本では必ずしも評価されないんですよ。

加瀬　逆に嫌われますね。

馬渕　そうなんですね、嫌われますよ（笑）。

加瀬　それから日本人にとっては、欲張りな人は美しくないですよね、嘘を言う人も美しくない、物を盗む人も美しくない。そういった価値観なんです。

日本の文化の源は中国大陸ではなく南太平洋

加瀬　フィリピンでも、タガログ語、イロカノ語、ビサヤ語なども、まったく同じ感覚なのです。

それから、ユダヤ教、キリスト教では、人間と自然（nature）は対立しているものとなります。ところがフィリピン、インドネシアなど、オーストロネシア語圏では、だいたい

一神教とオーストロネシア語圏の違い

ユダヤ・キリスト・イスラム教	オーストロネシア語（南島語） フィリピン （タガログ語、イロカノ語、ビサヤ語など）
善と悪が両極にある対立。 人が自然の支配者。対立。 人が個人として存在。 人と人が対立。 言葉と論理、真理を重んじる。	善と悪、正しい・誤っているではなく、 美しいか、醜いか。 人は自然（カリカサン）の一部でしかない。 森や川は兄弟。 人は個人ではなく、家族、集団の一部。 対立ではなく、調和が何よりも大切。 言葉や論理、真理よりも、心を重んじる。 ※マレー・インドネシア語も同じ

人間は自然のごく一部でしかなく、もちろん対立関係ではないのです。

たとえばキリスト教徒とか、韓国から日本にやって来た儒教の人なんかがビックリするのは、お狐さんをお稲荷さんでは祀っているんですね。鹿児島の猫神神社をはじめ、猫が御祭神の神社も各地にあります。

それからイノシシが御祭神、馬が御祭神の神社もあるわけです。そんなこと、外国では考えられません。

だから僕は、中国大陸よりも、フィリピンとかそういうオーストロネシア圏のほうが、日本に近いと思うんです。なんとなく、中国大陸のほうに近いんじゃないのかと多くの人々が思いますが、とんでもない。

神社建築を見ても、皇居の造りを見ても、オーストロネシア語圏の建造物に似ているんですよね。上に千木が乗っているとか。ボルネオあたりに行きますと、床が高い高床式の住居もたくさん目に付きます。

さらにいうと、「個人」という発想もありませんし、そもそも「個人」などという突拍子もない言葉は日本語にはありませんでした。

「自然」という言葉もそうです。natureという言葉が入ってきた際、ヒト対natureというふうに分ける概念がないもんですから、当然、日本語にはnatureに相当する言葉がなかったわけです。それで「自然」という言葉ができたのですが、それが作られたのは明治に入ってからなんですよ。

馬渕　人は自然の一部でしかないということを私なりに拡大して解釈しますと、「人は宇宙の一部でしかない」とも言えるのではないでしょうか。人は宇宙の一部であるということになると、自然も全部繋がってきます。すなわち、対立関係になり得ないわけですよね。

加瀬先生がおっしゃるように、南の島における原始宗教が――こういう言い方はちょっと失礼ですが――昔からの生き方として存在していたということは、我々の来し方を考えてみる上で非常に重要なように思います。

なぜかと言うと、今のフィリピンは、スペインが来て強制的にクリスチャンに改宗させられてしまったわけです。このとき、私から見ればもともとあった優れた文化を根絶やしにしまったんですよ。ですから私はフィリピンの方々に同情しています。フィリピンのエリートはタガログ語なんてまったく話さない人が多く、もっぱら英語とスペイン語です。ただし、その言語能力に関していえば、我々がとても及ばないくらい立派ですが……。

その上クリスチャンなわけです。したがって、今のフィリピン人は、フィリピンの伝統的な文化と完全に断絶してしまっています。

フィリピンの治安は、なかなか改善されませんが、こうした伝統文化との隔絶が、社会がいつまで経っても安定しない大きな原因の一つではないかとも思えるのです。

比較としてはちょっと飛ぶかもしれませんが、中南米、南米もそうですよね。やはりあの地域も、スペインのコンキスタドールといいますか、征服者が来て、原住民の文化を全部潰していき、強制的にキリスト教へと改宗させたわけです。その影響は、いまだに残っているのではないかという気がしてなりません。何も、すべてスペインが悪いというわけではありませんが……。

加瀬　いずれにしても、太平洋圏の、たとえばインドネシアとかフィリピンとか、あるいはフィジー島といったミクロネシア・ポリネシアの元々の信仰は、神道と似ています。だから我々は中国大陸よりも、南太平洋の島々の信仰を分かち合っていると思うのです。

「11月23日」が「勤労感謝の日」というマヤカシ

加瀬　11月23日は勤労感謝の日ですが、「勤労感謝」というのはおかしな言葉ですよね。ユダヤ教、キリスト教、それからイスラム教もそうですが、「労働」というのは、神様が人間に降した「罰」なんです。エデンの園で神様が禁じた木の実を食べてしまい、園を追われるときに罰としてこれから働かなきゃいけないという……。面白いのは、「労働」は英語で言うと「labor」、これはすなわち「苦役」ということです。

一方、我々にとって勤労は日常のもの。別に感謝すべきことではありません。実は、「勤労感謝」というのは、国家神道を危険視したＧＨＱの提案により、英語の「レイバー」と「サンクスギビング」を合わせて作られた言葉「Labor Thanksgiving day」の日本語訳なのです。

では、11月23日は正しくは何の日なのか。それは「新嘗祭《にいなめさい》」となります。３６５日のうち、天照大神が日本に降りてこられて天皇陛下とご一緒に食事をなさる、年にたった一度の日、これが新嘗祭なのです。

皇居の中心に宮中三殿という神殿があって、その一番聖なる賢所《かしこどころ》に天照大神が降りてこられるのです。

そして、まず「夕の儀」という儀式が午後7時から始まります。天照大神さまが他の神々と降りていらっしゃると、天皇陛下は新しく収穫された五穀を、お手ずから箸でお皿に盛って、それをお勧めした上で、天照大神とお二人で共食なされるわけです。まだ、土器のお皿もなかった時代から行われている古い儀式です。

大使が先ほど「原始宗教」といいましたが、近代的な宗教学では、こういった精霊信仰、何にでも神が宿っているという精霊信仰は、〝遅れた原始宗教〟と言われています。一方のユダヤ・キリスト・仏教は、〝高等宗教〟と呼ばれるわけです。ただ日本の素晴らしいところは、超近代国家日本の一番真ん中で、天皇が日本古来のお祀りをなさっているということですよね。

馬渕　昔は、今先生がおっしゃったように、新嘗祭の月に新米を召し上がった。その行事が済んで初めて、一般庶民も新米を食べることができたわけですね。今は誰もそんなことはなくて、新米が出回りますし、それはそれで良いのですが……。

では、たとえばフランスのボジョレー・ヌーボーが、解禁日を守っているというのはどういうことなのか。それこそ新米の解禁日を守って、11月23日以降に食べるという伝統が復活してもいいくらいの重要な儀式だと思います。

加瀬　新嘗祭のことは、新聞やテレビでは、まったく取り上げられません。ところが、クリスマス、ハロウィン、それから女性が男性にチョコレートを贈るバレンタインデーなどは、テレビで大騒ぎするんですよ。

日本の国民のお祭りは今やクリスマス、ハロウィン、バレンタイン、それからボジョレー・ヌーボーの解禁日とでも言うのでしょうか（笑）。

無論そうではなく、本来は新嘗祭のようなことを全国民が知らなきゃいけないんですよ。

馬渕　確かに11月23日は、きちんと「新嘗祭」にしなければなりませんね。そうしないと我々日本人がルーツを忘れてしまう……。

やはり、「お米」というところが大事なポイントです。ただ、今の人はあまりお米を食べなくなりましたから、ありがたみが分からないかもしれません。

天皇陛下は皇居で田植えをして稲刈りをなさっています。また、皇后陛下は蚕《かいこ》を育てておられるわけです。それは、高天原で神々がやっていたからなのです。こういうところで、神代と現代が繋がっています。

つまり、「天皇陛下が祭祀を行う神官である」というのは、こうしたことに由来しているのです。

明日は我が身と心得るべきフィリピンの悲劇

加瀬　先ほど、フィリピンでは昔からあった信仰が否定されてキリスト教に改宗させられたということを、お話しました。実は宗教だけでなく、フィリピン人の姓名もフィリピン本来のものではありません。それだからフィリピンは国としては近代国家の体を成していますが、社会がおかしくなってしまった。伝統を忘れていくと、日本も段々そうなるのではないでしょうか。

馬渕　フィリピンの人とは、いろいろと外国で会いましたけれども、一人一人は立派な人なのです。しかしながら、一部のエリートとそうでない人とで、フィリピンの社会はまったく断絶しています。

つまり、フィリピンを植民地化した宗主国であるスペイン、次いでアメリカにうまく取り入ったクリスチャンの人々が、エリートとなっているわけですね。そして、その下に膨大な数の庶民がいるのです。

ドゥテルテ大統領は、その庶民の中から出てきた人ですが、その事実一つをとってみても、フィリピンは今、自らのアイデンティティを求める時期に来ているということの表れだと思います。ですから我々日本人も、自らのアイデンティティを忘れてはいけないと思うのです。

先ほど先生から説明があったように、陛下と天照大神が共食されます。いわゆる、「同じ釜の飯を食って」初めて同志になる、一体化するということ。だから我々が普段使う「同じ釜の飯を食う」とか、「同じ釜の飯を食った仲」というものは、もとを辿れば新嘗祭まで行き着くのです。

加瀬　２００５年にフィジー島で、民主主義についての会議があり、そこの記念講演を行いました。そのとき、日本文化の根っこは大陸よりも、皆さんの南太平洋と似ていると話したのです。

おそらくこの本を読んでいる方も、我々日本人は中国大陸から強い影響を受けたと思っておられるでしょう。しかし、前述のように本当は南太平洋なのです。

フィジー島ではキリスト教が入って来ると、ちょうど神仏混交と同じように、もともとあった宗教と一緒になりました。日本でも大陸から仏教から伝来すると、固有の信仰である神道と混交しました。面白いですよね。

日本と中国、北朝鮮の悲しい共通点

加瀬　私たちは2000年以上も、神道の祭祀王たる天皇を戴いてきました。天皇は、天と地の間をつなぐ役割を果たしてくださっているわけですね。

ちなみにフィジー島の首長たちは、「マナ」を持っていると言われています。「マナ」とは超自然な力ということ。天皇陛下もそういう超自然的な力を持っているということで、今までお祀りをされ続けてきたわけです。

私たちは、大陸の人々と違ってコンセンサスを大切にしてきました。共産主義だとか、ヒトラーのナチズムだとか、ああいう絶対主義的なものを恐れてきたのです。そもそも「独裁者」という言葉自体、明治以降に生まれた言葉なんですね。「指導者」もそうです。

そうした日本が、いまだ原始的な信仰を持っているというのは素晴らしいことだと思いますね。ただ、アメリカの占領下では、神道はナショナリズムであって、日本のナショナリズムは悪いものだとされ、神道は抑圧されてきました。そのために、さらに政教分離をアメリカは日本に押し付けたのです。

近代国家の中で国家行事、それから地方自治体の公の行事、これを無宗教で行っているのは、今や中華人民共和国、朝鮮民主主義人民共和国ぐらいじゃないですか。

ロシアはロシア正教ですよね。

馬渕 おっしゃる通り、ロシア正教です。

加瀬 どんな国も伝統的な宗教、信仰にのっとり国家行事を行っています。ところが、日本は無宗教で行っているんです。私は、政府や地方自治体が「無神論」を〝宣伝〟することが、はたしていいのだろうかと疑問を感じています。今の日本では、犯罪が増えたとか家庭が崩壊しているなどといわれますが、その理由の一つは無神論を国が宣伝しているからではないでしょうか。

馬渕 そうでしょうね。日教組の教育がまさにそうです。我々はずっと、「お天道様が見ているから」と祖父母から言われてきました。「そういう悪いことをしちゃいけない。たとえ人間が見てなくても、お天道様は見ている」と。これで社会の道徳、人間としての道徳というのが保たれてきたわけです。

先ほどの先生のお話と関連いたしますが、人間誰しも――いい面、悪い面両方ありますが――やはり自分たちの伝統的な宗教というものを持っています。クリスチャンの国はキリスト教、イスラエルはユダヤ教であり、基本的に人々はそれを信じている。濃淡はあっても、国と国民のアイデンティティのバックボーンをなしているのは、宗教の歴史です。

インドの場合はヒンドゥー教であり、そのヒンドゥー教の教えが、インド人の生き方の核になっています。

私がインドにいるときに、たまたまパーティーで隣り合わせた上流階級のご婦人に、「あなたはインドの何がお好きですか」と質問したのです。すると、間髪入れずに「文化と宗教だ」とおっしゃいました。これはインドに限った話ではありません。多くの国に共通しているのです。

ところが、日本は、「文化が好き」などと言う人はあまりいませんし、まして「宗教が好き」などと言う人は誰もいません。むしろタブー視されています。これが、「日本の危機」の一つでもあると思いますよ。

加瀬　ユダヤ教、キリスト教、イスラム教の社会では個が大切なんですね。ところが日本では個人という言葉もありませんでした。やはり集団、もっと言えば社会が大切なのです。もっとも「社会」も明治以降の言葉ですから、「世間」と言いましょうか。

日本では「世間様に申し訳ない」という言葉がありますよね。これは英語にもヨーロッパ語にも翻訳できません。

馬渕　そうですね。

加瀬　「お天道様に申し訳ない」と同じように「世間様に申し訳ない」と言いますよね。我々にとって尊ぶべきものというのは、西洋の神とはまったく違います。世間様も神なのです。「世間が見ているから、そんなことしちゃダメですよ」などということを聞くと、日本人の生き方って本当に素晴らしいと思ってしまいます。

馬渕 私もそう思います。そういう広い意味では公と言いますか、「共同体」ですよね。「共同体」とか「公」があるからこそ、個人が存在できる。個人だけで存在するということは、本来あり得ないことなんですよ。

そういったことを、日本人は先天的に知っていたわけです。だから社会の共同体の掟、決まりを大切に守った。その上にはお天道様がおられる。世間があるから行動を律してきた。これらは日本人が自然にやってきたことですね。

〝マッカーサー程度〟では破れなかった日本人の信仰

加瀬 戦後、GHQの意向により始まった宮中改革の目的は、思想統制にキリスト教を用いて、皇居内の主要な人物たちをキリスト教徒に変えることだったそうです。実際、マッカーサー元帥は日本をキリスト教国にしようという目的を持ってやってきた。昭和天皇が、「せめて形だけでも洗礼を受けておこうか」と真剣に悩まれ、相談を受けた元皇族の賀陽《かやの》宮恒憲王《みやつねのりおう》が思い止まらせたということがありました。

馬渕　かつて、フランシスコ・ザビエルが来日した際、日本をキリスト教化しようとしましたが、結局できませんでした。そして、マッカーサーも同じです。これは日本の中に、本章のテーマである神道のご加護があったからだと私は思います。

ザビエルが来たときも、表向きはキリスト教徒になる人はいました。しかしながら、心から信徒になった人がどれだけいたか。禁教令が出たこともありますが、結局日本にはキリスト教は根付きませんでした。

その大きな理由は、先祖供養を否定したからです。キリスト教信者以外は、みんな地獄に行くわけですからね。だとすると、たとえキリシタンに改宗しても、自分の祖先はみんな地獄に行っているということになります。だから、日本でキリスト教は広がらなかったのです。

一方で歴代総理の中でも、戦後の片山哲《かたやまてつ》さんの他、大平正芳《おおひらまさよし》さんなど、クリスチャンの総理はおられましたが、決して日本の政策がキリスト教的になったわけではありません。日本では仏教も、日本に入ってきてから日本的な仏教になった。おそらくキリスト教も、そういう感じでしょう。

ですから、今やキリスト教はビジネスですね。歳末商戦たけなわになれば、「メリークリスマス！」と言って、みんな買い物をするようになります。そういう力が日本にはあると私は思っているんです。

そうした力は、マッカーサーですら破れなかった。いや、〝マッカーサー程度〟では、とても破れるものではなかったと思います。それほどまでに、日本には強い信仰が根付いているのだと思います。

ギリシャ・ローマや北欧神話と神道との大きな違い

加瀬 さらに、日本の神道は、やはりギリシャ神話やローマ神話とも違います。ギリシャ神話やローマ神話、あるいは北欧のオーディーン神話などは、一番上に最も力を持った神様がいて、独裁的な権力を振るっているんですね。

一方、日本の天照大神には権力はありません。どの神様もすべて横並びなのです。同じ多神教とはいえ、日本の場合はギリシャ・ローマや北欧神話などとは違います。

馬渕 それは違いますね。神様が一人一人違って、違う役割を持っている。風の神様とかですね。それが役割分担で、みんな共存しておられると。それをまとめておられるのが天照大神であって……。

加瀬　まとめてはいても、権力はないですよね。
馬渕　おっしゃる通り権力はありません。あるのは権威だけですね。

相撲はスポーツではなく「神事」

加瀬　さらに話を進めれば、相撲も神事《かみごと》ですね。私は相撲をスポーツとして日本で扱っているのが非常に残念なんです。相撲というのは神に奉納する芸能なんですね。

ですから、特に横綱は品格を持たなければならないとされています。土俵の上だけでなくて、寝ている間以外は常に横綱としての品格を失ってはならない。だから、かつての朝青龍関が、六本木で酔っ払ってケンカしたとかいう事件がありましたけど、横綱はそんなことをしてはいけないんです。

他のスポーツでは、たとえばゴルフでもテニスでもなんでも、試合をしているとき以外は品格がなくても問題視されません。しかし相撲というのは極めて日本的なものであって、決して驕ってはいけない。相手に勝ったからといって、ガッツポーズを取ってはいけないし、負けた者に対して威張ってはいけないということで、これも非常に日本的な〝神事〟だといえますね。

馬渕　先生の指摘は非常におもしろくて、まさに「かみごと」と言うのはおっしゃる通りですね。だから、その意味では相撲は〝祀り〟の一種でもあります。つまり、スポーツであってスポーツでないといいますか……。

もちろん、八百長とは言いませんが、単なる力と力の対戦だけで決めるものではなかったわけです。とにかく相撲が「かみごと」であるということを、我々は再認識して良いと思います。

ちょっと話は逸れますが、稀勢の里関が横綱に昇進した際、私はそれまでの彼の相撲ぶり、苦労して出世してきた映像を見たところ、2011年頃の国技館がガラガラだったことに気付きました。この原因は、ちょうどその頃、相撲が八百長問題に揺れたということもあったのですが、もう一つはっきりと指摘しておきたいのは、当時は民主党政権だったということ。

これは単なる偶然とは思えません。東日本大震災も起こりましたし。どういうことかと言うと、あの頃は民主党政権下で、「日本が日本でなくなっていた時代」だと思うんですね。一方、今は相撲人気が高くて、連日満員御礼でしょ。これは、日本が日本を取り戻しつつあるということと、表裏一体の関係にあると思います。安倍政権のもとでこういう状況になったのです、ハッキリ言えば。

なお、白鵬関が以前優勝したときのインタビューで、「天皇陛下がずっと相撲を守ってくださった」ということを話していたことも印象的でした。ただ、その部分に注目したメディアは皆無でしたが。

しかし、白鵬関の言う通りなんです。つまり「かみごと」ということと、天皇陛下ということ、そして神社――だって相撲は神社に奉納してるんですよ――と横綱の土俵入りを見れば分かる通り、結局相撲も一つの宗教なのです。神道の行事の一つでもある。そういう真髄に気付くと、日本以外の人も何か感じることがあるのではないかと思います。

ジョン・レノンは、なぜ必ず靖国神社を参拝したのか？

加瀬　私が書いた『ジョン・レノンはなぜ神道に惹かれたのか』（祥伝社新書）の帯にですね、僕のいとこのオノ・ヨーコとジョン・レノンが靖国神社にお参りしているカラーの写真が載っているんです。ジョンは日本に来るたびに、必ず靖国神社にお参りしていました。それから皇居前広場に行って、皇居に向かって拝礼もしていましたね。

実は、ジョンはキリスト教が大嫌いだったんです。「イマジン」という曲がありますよね。あの曲の冒頭で「imagine there's no heaven＝天国なんかありゃしない」、「No hell below

US＝地獄もありゃしない」、そして、「この世界から宗教がなくなったら、どんなに素晴らしいことだろう」と歌詞で言っているわけです。日本人は知らないで歌っている人が多いですが……。

あの歌は反キリスト教ソングで、キリスト教会からジョンは除け者にされます。それでジョンは、一時はインドのヒンドゥー教に憧れたこともありますが、しかし最後には「神道が一番素晴らしい」というところに行き着いたわけです。

G7首脳が心を奪われた「宇宙の中心」

加瀬　先ほど申し上げたように、神社というのは仏教が日本に来てからできたものなんですね。その前の「神道」というのは全宇宙が神域なんです。今でも地方に行くと、どこからどこまでが神社の境内というか、神域なのか分からないような神社がありますよね。

ユダヤ教やキリスト教の教会――ユダヤ教はシナゴーグですが――は、建物の中が神聖な空間です。ところが神道では、別に神社のお社の中が神聖というわけではなく、全宇宙が神聖なのです。だから、全宇宙が僕にとっての神社だと思っています（笑）。

馬渕　私はもともと京都の田舎、元伊勢に住んでいました。今の伊勢に落ち着かれる前に、天照大神の宝鏡は転々とされていたんですね。そのうちの一つが、私が昔いた丹波の山奥の大江町というところなのです。
　本当に山奥のその地に、内宮の伝承地である皇大神社《こうたいじんじゃ》、外宮の伝承地である豊受大神社《とゆけだいじんじゃ》があります。私の住んでいた村は外宮でした。だから、なんとなく外宮には親しみを感じています。私も年に1回は、伊勢神宮の外宮、内宮を参拝しています。

加瀬　伊勢神宮は素晴らしいですよね。

馬渕　素晴らしいの一言です。2016年5月に伊勢で開かれたG7サミットの際に、各国首脳が伊勢神宮の内宮を表敬訪問されました。そのときに各国の首脳が記帳しています。そこに書かれた訪問後の感想を見ると、やっぱり「調和」とか「自然」とか「平和」、あるいは「静謐」や「共生」といった言葉をみんな使っていました。

エコロジーと共鳴する日本の神道

馬渕　アニミズムなどという見下した言い方に私は賛成しませんけど、オバマさんを含めた欧米の首脳が、伊勢神宮の内宮で非常に感銘を受けた。それが、去年の伊勢志摩サミットの最大の成果だったでしょうね。

加瀬　そう思います。やはり、これはエコロジーそのものなんです。今、人類最大の共通信仰といえば、エコロジーじゃないですか。それに一番近いのが神道なのです。だから原始宗教とか言って見下されていたけれども、実は〝超高等宗教〟だということなのです。

馬渕　しかも、それを日常生活の中で普通に実践しているのが日本人ですよ。これが素晴らしいんです。別に衣服を整えて毎日参拝してるわけじゃない。日々の生活の中、これが先ほど出てきました「かんながらの道」ですよ。その中で、エコロジーを実践している民族ということで、我々はもっと自信を持っても良いんじゃないかという気がしますね。

加瀬　そうですね。政教分離ということをやめて、公の行事はぜひ、神道だけでなくて仏教も入れてもかまいませんから、伝統的な在来の宗教色を出して欲しいと思いますね。

馬渕　おっしゃる通りです。真理というのは人を抑圧するものになってしまう危険があるということが、先生との対談で改めて分かったような気がします。真理ではなくて、感性とでもいいましょうか。理性も重要だけれども、感性はそれ以上に重要であるというようなことを、学校教育でも教えるようになれば、我々の生活態度そのものも変わってくるという気がします。

加瀬　要は、神道とは「感性を理性の上に置いている信仰」と言えばいいんですね。

馬渕　そういうことになると思います。

第二章
ユダヤ教とグローバリズムのワナ

「ユダヤ人」という言葉が指すもの

加瀬　さて、ここまで日本の神道について考えてきましたが、次に「ユダヤ教とグローバリズム」というテーマでお話したいと思います。

ユダヤ教は日本人には縁遠いものかもしれませんが、実はキリスト教、イスラム教という一神教の源となる宗教ですし、そこから日本人が学べるものも大いにあるからです。大使も私もユダヤ人との付き合いがあり、そこからマスコミでは報じられることのない〝グローバリズム〟の真実を見ていこうというのが本章の主旨です。

まず、キリスト教で言う『旧約聖書』は、ユダヤ人にとっての唯一の聖書ですね。

馬渕　そういうことですね。

加瀬　あとからキリスト教が生まれると、ユダヤ人の聖書を『旧約聖書』とします。要するに、「神とのより古い約束の聖書」と呼ぶようになったわけです。大使は、イスラエル勤務のご経験もあるんですよね。

馬渕　私は、１９９１年、ちょうど湾岸戦争が終わった直後からだったのですが、3年半イスラエルの日本大使館に勤務しました。95年、当時のラビン首相が暗殺される直前に日

ユダヤ人とは何か？

イスラエルによる「ユダヤ人」の定義

「ユダヤ人の母から産まれた者、
もしくはユダヤ教に改宗し
他の宗教を一切信じない者」

（1970年「帰還法」改訂 第４条より）

本に帰りましたが、私はイスラエルに勤務したとはいえ、ユダヤ教なりユダヤ人なりの勉強というのは、実は加瀬先生の本でいたしました。『ユダヤ製国家日本』（ラビ・マーヴィン・トケイヤー著、加瀬英明訳、徳間書店）を読んで、それで本当の意味でユダヤ人、ユダヤ社会、あるいはユダヤ教に興味を持ったのです。ですから、むしろ加瀬先生に教えていただければと（笑）。

加瀬　こちらこそ光栄です。ではまず、ユダヤ人とは何かというテーマにつきまして、世界に散らばっているユダヤ人をイスラエルに受け入れる際、どういう資格がなければいけないのかという条件を定めた「帰還法」を見てみましょう。これにのっとると、「ユダヤ人の母から産まれた者、もしくはユダヤ教に改宗し、他の宗教を一切信じない者」ということになります。

この「ユダヤ人とは何か？」という質問に一番困ったのは、実はヒトラーのナチス・ドイツでした。当時のドイツの最高の科学者、法学者を集めて何回も会議を開きます。当然、ユダヤ人とは何かという定義をしないと、アウシュビッツなどに送還することができません。そこで、1935年に制定された「ニュルンベルク法」では、自身の祖父母の3人、あるいは4人がユダヤ人である場合、その当人もユダヤ人と定義しました。イスラエルの法律とまったく違うことが分かります。

では、改めてユダヤ人とは何かを考えてみましょう。

マテオ・リッチというカトリックの宣教師がいました。この人が17世紀に中国の開封《かいほう》という都市に行ったところ、ユダヤ教のシナゴーク（教会）があったのです。当然、「ユダヤ人」がいることになるわけですが、彼らは全員、中国人の体、顔をしていたという記録が残っています。

現在でもインドに行けば、見たところすっかりインド人のユダヤ人がいますし、エチオピアに行っても、アフリカ系のユダヤ人がいます。彼らはそれぞれの場所で、ずっとユダヤ教を守ってきたんです。つまり、「ユダヤ人」というのは人種ではないんですね。

馬渕　そこは私も誤解していました。「ユダヤ人」というと、まさに人種的に感じてしまいますが、そうではなかったのですね。イスラエルのテルアビブに住んでいた際、言い方は適切じゃないかもしれませんが、肌の黒いユダヤ人もいましたし、肌の白いユダヤ人もいたわけです。

ユダヤ人は何度も外国に滅ぼされました。確か北イスラエル王国がアッシリアに滅ぼされると、ユダヤ人は彼の地に連れて行かれたというエピソードが旧約聖書に出てきます。ところが面白いのは、アッシリアに行った後、結局ユダヤ人はどこへ向かったのかという記述がありません。

そこでイスラエル政府が、失われたユダヤ人を真剣に探しているという話があります。時々、現地で新聞を見ていると、今おっしゃったように中国のどこかで見付かったとか、インドで見付かったという記事が載っています。

加瀬　なるほど。

馬渕　先ほども話に出ましたように、ユダヤ人は少なくとも中国まで行っています。その先は諸説があると思いますが、中国まで行って日本に来ていないはずがないと思っております。無論、こういうことを言うと、また政治的に違った意味で利用されかねないので、あまり声高に主張することはできませんが……。

いずれにしても、そもそもユダヤ人というのは、移民を旨とする人たちです。最初はメソポタミアにいて、そこからカナンに行って、エジプトに行って、そしてエジプトからカナンへまた戻って来た。これが有名な「出《しゅつ》エジプト」ですね。

その後、今から約2000年前にユダヤ王国がローマ帝国に滅ぼされて、ユダヤ人は世界に散らばっていきました。これを「ディアスポラ（民族離散）」といいます。このように、世界を股にかけて移動する人々の集団なんですね。

ですから、1948年にイスラエルという国を建国した際、市民権を誰にどう与えるかということが問題となったわけです。

加瀬 そうですね。

馬渕 私がイスラエルに勤務していた際に関心を持ったのが、特にアメリカのユダヤ人と結婚した日本の女性の扱いでした。当時、日本大使館ではアメリカでユダヤ人と結婚した日本人女性が現地職員として働いておりまして、ご主人がイスラエルに帰還することになり、付いて来られたのです。そして、どのようにしてイスラエル市民になったかというと、結局、ユダヤ教に改宗したのです。

その方は、物凄く勉強したとおっしゃっていました。実際ユダヤ教に改宗してから、他の宗教を一切信じなくなったのか、そこまでは分かりませんが……。

なぜアメリカはアンネ・フランクを助けなかったのか？

加瀬　先ほどのイスラエル移民の基準は、あくまでもイスラエルというユダヤ人国家が作った法律ですから、特殊な例ですね。

一般的に「ユダヤ人」は、ユダヤ教を信じてなくても「我々はユダヤ人だ」と考えています。アメリカでも、エリザベス・テーラーとかトニー・カーティスといったハリウッドスターのユダヤ人は、いくらでもいます。「ユダヤ人」だけれども「ユダヤ教の信者ではない」という人のほうが多いかもしれません。

馬渕　東欧とかロシアからアメリカに渡ったユダヤ人の多くは、「改革派」と呼ばれているそうです。彼らはユダヤ教の教義には、あまりこだわらない人たちではないでしょうか。まさにハリウッドスターなどはそうですよね。だから、彼らは禁じられている豚肉もエビも食べるわけです。

加瀬　また、アメリカのユダヤ人は、キリスト教ふうの名前に変えています。というのは、アメリカは反ユダヤ主義が物凄く強く、今でも残っているからです。たとえば第二次世界大戦の前、ヒトラーのナチス・ドイツがユダヤ人の迫害を始めるわけです。そこでアメリカに逃げようとしましたが、ルーズヴェルト政権は反ユダヤ主義だったので、逃げてきたユダヤ人を一切入国させませんでした。

アンネ・フランクはお父さんもドイツ人で、何回も何回もアメリカの領事館、大使館に行って、「入国ビザが欲しい」と言いましたが、結局ダメでした。最後はオランダの家に隠れているところを捕まって強制収容所に送られ、結果として亡くなるわけですが、もしあのときアメリカがユダヤ人難民を受け入れていたとしたら、アンネ・フランクは生き延びられたかもしれません。そうなると、1929年生まれですから今88歳でアメリカで元気に暮らしている可能性もあったわけです。

馬渕 それは、おっしゃる通りですね。そのときに日本にビザを申請しても良かったんですよ。当時、日本は出していましたから。

加瀬 そうなんです。日本はね、ナチスの毒牙から全部で3万人くらい救いました。

馬渕 日本がユダヤ人を救った一方、アメリカはセントルイス号でやってきたユダヤ人難民を追い返しています。いわゆる「セントルイス号の悲劇」（1939年）です。

加瀬 今でも、親しいアメリカの政権の幹部と話していると、「あれはユダヤ人だからね」などと、差別的なニュアンスを匂わせて言うことがあります。

ユダヤ人が国家をローマ帝国によって滅ぼされたのは紀元70年で、そのときのユダヤ王国の人口は、周りに住んでいる者も含めて3００万人から4００万人くらいだったといわれています。キリストが生まれたとされる紀元0年、日本の人口がどのくらいだったのかというと、20万人くらいだったろうといわれていますね。

馬渕　そのくらいでしょう。

加瀬　様々な推定方法がありますが、1００万人には届いていません。現在、日本の人口は1億2０００万人ほど。では、全世界にユダヤ人が何人いるのか。これも、数え方やユダヤ人の定義によって変わってきますが、だいたい2０００万人くらいではないかといわれています。

そうすると、紀元元年に3００万～4００万人いたユダヤ人が、現在せいぜい2０００万人に留まる一方、日本人は20～30万人いたのが1億2０００万人。では、なぜそれほど増えなかったのか。その理由は、キリスト教徒が迫害して殺したか、それともその迫害を恐れてキリスト教に改宗したかのどちらかとなるでしょう。その意味では悲劇の民族です。

「一週間」はユダヤ人が作った

ユダヤ教の唯一の聖書は『トラ（Torah）』といいます。これは神様が6日間かけてこ

ユダヤ暦の特徴

- ●一日は日没から始まる
- ●ユダヤ紀元＝紀元前3761年（天地創造が起点）
- ●一年は約354日（太陰太陽暦）
- ●安息日（シャバット）は土曜日
- ●安息日は一切の仕事を禁止

の宇宙を作ったものの、7日目にはくたびれたからお休みにしたという話で、「創世記」とも言います。したがって、現在、全世界で基準とされている「一週間」はユダヤ人が作ったものなのです。

また、イスラエルの公式な暦はユダヤ暦を使っています。ユダヤ暦によりますと、正月が始まるのが我々の使っている暦の11月です。これで計算すると、本書が出る頃には5778年になっています。つまりユダヤ教を信じる人たちは、この宇宙は生まれてから5778年しか経っていないという確信を持っているわけですね。

アインシュタインも敬虔なユダヤ教徒でした。誰かが彼に、科学的な宇宙の年齢と宗教的な宇宙の年齢の違いについて質問したらしいのですが、彼は「いずれも正しい」と答えたそうです。

馬渕　なるほど（笑）。

このユダヤ暦で私が面白いと思ったのは、土曜日の「安息日」です。最近は週休2日になりましたけど、「休み」というと我々は長らく日曜日でしたよね。ところがユダヤ人にとっては土曜日が休みなのです。

私はイスラエルのテルアビブにある日本大使館に勤務していました。当時はすでに週休2日が当たり前になっていましたが、とにかく土曜日は休まなければいけません。ところが実際は金曜日の午後から、休みモードが始まります。金曜日の午後になると、ユダヤ人の現地職員はみんな家に帰るんです。ですから、我々だけ残って仕事をしました。

また、私の住んでいる家の前は敬虔なユダヤ教徒で、金曜日は仕事して奥さんが料理を作りますが、土曜日は一切しない。そして、作り置いた料理を火にもかけずに、そのまま食べていました。なぜなら、火を点けるという行為ですら、してはいけないからです。

加瀬　ユダヤ教では、金曜日から土曜日にかけた24時間が安息日です。

キリスト教はこれを日曜日に動かしました。なぜかというと、ユダヤ教とまったく同じだと、「どうして自分はキリスト教にならなきゃならないのか」「ユダヤ教がそうだったらユダヤ教のままでいいじゃないか」といったように、ユダヤ教を信じればいいじゃないかとなる。だから、わざと変えたんです。

安息日は、馬渕大使が言われたように、火すら点けちゃいけません。親しいユダヤ人の家庭にシャバット――英語ではサバス（Sabbath）と言いますが――の晩御飯に呼ばれると、私のような煙草を吸う者は死ぬような苦しみを味わいます。なぜなら、火を点けてはいけないからです。では、料理はおせち料理のように冷たいのかというと、ユダヤ人は頭が良いので、安息日が始まる前から火にかけておくわけです。

馬渕　なるほど、そうですか。消さなきゃいいわけですね。点けっ放しにしておけば。

ユダヤ教の厳しい禁忌とその抜け穴

加瀬　それから、シャバットの間は乗り物にも乗ってはいけないんですね。

馬渕　ええ、乗り物はいけません。私たちは仕事で乗らなくちゃいけないので自動車を運転したら、石を投げられましたよ。

それからもう一つ面白いのは、これは先生もご存知だと思いますが、ホテルに行きますとシャバット用エレベーターがあるんです。それはどういうものかというと、ただ乗るだけなんです。ボタンを押してはいけませんが、その代わり、各階に停まるんです（笑）。

加瀬　勝手に動いているから、それは乗り物ではないという概念ですね。

馬渕　その乗り物を誰が動かしているのか、というところまでは詰めなかったのかもしれませんが、少なくとも乗っている人間はボタンを押してはいけない。押すというのも仕事となりますから。私も、ただ乗っていただけなんです。
加瀬　また、『トラ』には絶対に刃物を顔にあててはいけないともあります。
馬渕　そうですね。
加瀬　顔を剃っちゃいけない。だから敬虔なユダヤ教徒は、非常に長いヒゲをしているんですね。ところが、ユダヤ教のお坊さん、ラビ（rabbi）のなかには宗派の違いによって顔を剃っている人もいるんですよ。当然、大論争になりましたが、「電気剃刀は刃物ではない」と言うわけです。
馬渕　刃物で剃ってはいけないけれども、電気剃刀なら良いと。なるほど。
加瀬　それから、主な宗派では男性は小さな帽子を被っています。あれはキッパ（kippah）と言います。それを被りながら、スクーターなどに乗って街中をバーッと走っていますが、実はピンで髪に留めているのです。その一方で、キッパを被らなくてもいいという宗派もあります。
馬渕　そうですね。いろいろな宗派に分かれていて、一番法を守らないといわれている宗派の人はラビも含めて、食べちゃいけないものも、けっこう食べているようです。
これは笑い話ですが、あるラビに食事を出した際、それがエビの形をしていたんですね。

ユダヤ人の厳格な食事規定「コシャー」

★食べて良い動物・ダメな動物

ひづめが完全に二つに割れていて、反芻する動物はOK

OK……牛、羊、山羊、鹿、鶏など

※ただし肉から生き血を抜かなければならない

※乳製品もOKだが、肉類と同時に食べてはならない　例：チーズバーガー

NG…豚、猪、馬、ラクダ、ウサギ、人間、生き血など

★魚介類

OK……ヒレとウロコがあるもの

NG……エビ、イカ、タコ、ウナギ、貝類、キャビアなど

するとラビが「いや、これはダメだ、エビは食べちゃいけないんだよ」と言うので、「ご安心ください。これはエビもどきで、エビではございません」と答えた。

それでラビは食べたのですが、「うーん、でも本物のほうが美味しい」と言ったと（笑）。

表向きは厳しいのですが、けっこう抜け道があるようですね。

加瀬　ユダヤ人の食べ物の戒律は、「コシャー」といって「清潔」という意味なんですよね。これがイスラム教だと「ハラル」になるわけです。同じく「清潔」という意味です。食べても良いものでも、牛肉とか山羊の肉とかは、完全に血抜きをしなきゃいけないんですね。さらに厳密に守るとなると、異教徒が触った皿も使ってはいけないことになっています。

馬渕　だから大使館も困りましてね。大使館は狭いから、ホテルを借りて天皇誕生日のレセプションを開きます。そこで、たとえば我々がエビフライを作ろうとする。しかし、そもそもエビはいけない上に、異教徒が料理をしてはいけないことになっているのです。そこでラビに頼んで、お祓《はら》いをやってもらいます。「お祓いをすれば良い」ということになっていますから。これも何だか便宜的ですけれども……。

加瀬　いろいろ抜け穴があるんですね。

馬渕　お祓い料はもちろん払いますけれど。それでホテルのキッチンを使わせてもらえたわけです。お祓いをすれば、たとえ異教徒が作ったものでも食べていいということですから、ユダヤ人もけっこう日本食を楽しんでいましたね。

聖書に書かれた血なまぐさい話

加瀬　ユダヤ人の唯一の聖書で、キリスト教が言うところの『旧約聖書』には、「これは本当に宗教書か？」と思うほど、血なまぐさい話がどんどん出てきます。

たとえば、「民数記31―14～18」を見てみましょう。

「モーセは戦いを終えて帰還した軍の指揮官たち、千人隊長、百人隊長に向かって怒り、彼らにこう言った。『女たちを皆、生かしておいたのか。直ちに、子供たちのうち、男の子は皆、殺せ。男と寝て男を知っている女も皆、殺せ。女のうち、まだ男と寝ず、男を知らない娘は、あなたがたの慰めものとするために生かしておくがよい』」

　こういう話が、どんどん出てきます。一神教ですから、自分たちの敵は絶対に許さないということですね。

馬渕　他にも、虐殺に触れているのは、ヨシュアがパレスチナ人の町・エリコを攻めるときのくだりですね。ヨシュアがスパイも使い、その他いろいろ手練手管を用いてエリコを落とします。その際に、男も女も動物も何もかもを殺しつくしたと書いてあるんです。これこそ「ジェノサイド（民族的な集団虐殺）」じゃないかな、と思うわけですよ。

加瀬　その通りですね。

馬渕　こういう部分をラビがどのように説明しているのかということに、とても関心があるんです。

加瀬　ところがユダヤ教は、その後は優しい信仰に変わってしまいます。まずローマ帝国によって国を失いました。それからキリスト教が根付いたヨーロッパに向かったユダヤ人たちは、キリスト教徒の住んでいる国の中で「ゲットー」と呼ばれる小さなユダヤ人集落へと落ち延びていきます。ですから、もう聖書に出てくるような戦争もできない状態となるのです。

馬渕　いわゆる「ディアスポラ（民族離散）」といわれるように、広い世界に散り散りになった結果、そういう野蛮なことができなくなってしまったわけですね。

加瀬　ええ、無縁になってしまうんです。

結局、ユダヤ教とキリスト教は何が違うのか？

加瀬　今度は『新約聖書』を見てみましょう。

イエスはマリア様から産まれました。お父さんのヨセフ、それからお母さんのマリアは両方ともユダヤ人です。だからイエスもユダヤ人であるはずです。ところが新約聖書には、イエスのお言葉として次のようにあります。

「ユダヤの民はこぞって答えた。『その血の責任は我々と子孫にある』」

「その血の責任」とは、イエスを殺して流した血です。それから「ヨハネによる福音書」では、イエスが「あなたがたユダヤ人は、悪魔である父から出た者であって、その父の欲望を満たしたいと思っている。悪魔は最初から人殺しであって、真理をよりどころにしていない。悪魔の内には真理がないからだ。悪魔が偽りを言うときは、その本性から言っている」と語っています。キリスト教徒にとっては、長い間、ユダヤ民族は悪魔の子であったわけです。

イエスが実在したかどうかという問題はさておき、イエスが亡くなってからというもの、キリスト教はユダヤ王国の地ではまったくうまくいかなくなってしまいます。ところが、その後、ヨーロッパに渡ってから世界的な宗教になったのです。

ヨーロッパは、その頃、多神教でした。ですからキリスト教の教会に行くと、まずイエスの像があって、マリア、ヨセフの像もある。たくさん聖人の像があることを見ても、多神教だということがわかります。

一方、ユダヤ人が絶対認めないのは、「イエスが神の子である」ということです。実は、キリスト教という新しい宗教をユダヤ教とは別に作るためには、ユダヤ教とは違うということをハッキリさせなければなりませんでした。そこで、大変に苦労した挙げ句、父なる神とイエス、そして聖霊という、三つに分かれているものが一つであるという「三位一体」という不思議な考え方で、ユダヤ教との差別化を図ったわけです。

キリスト教とユダヤ教はまったく違うものであって、ユダヤ教は悪いものであるということを言わないとキリスト教は成り立たない。ですから、ちょうど仏教が日本に渡ってくると、神道と習合したのと同じように、ヨーロッパに渡ったキリスト教は、そこにあった多神教と一緒になったわけです。

クリスマスのお休みとか復活祭だとか、あれは全部多神教のお祭りを、キリスト教がハイジャックというか、自分のものにしていった結果なのですね。

イスラム教はユダヤ教の宗教改革の副産物

加瀬　キリスト教のミサに行くと、まず神父さんが「これ我が血なり」と言って、イエスの血の象徴である赤ワインをお飲みになるわけです。それから「聖体拝領《せいたいはいりょう》」といって、「これ我が体なり」ということで、神父さんが「イエス様のお体であります、肉であります」と言って、小さなパンを信者の舌の上に置くんですね。この「これ我が血なり」「これ我が肉なり」というキリスト教の習慣は、ヨーロッパの〝食人習慣〟から来ています。

これに対し、ユダヤ教で一番禁じているのは、生き血を口にすること。そこから考えると、「これ我が血なり」というのはおかしいですよね。また、ユダヤ教では人間の肉は食べては絶対にいけない。

こうしたことから分かるように、実はキリスト教はハイブリッドである一方、ユダヤ教、そしてイスラム教は純然たる一神教なんです。ユダヤ教でもイスラム教でも、神様の像を作ってはいけない、つまり「偶像崇拝」を禁止しています。だからユダヤ教のシナゴーグ、イスラム教のモスクに行っても、神を形どったものなどないのです。

それに対して、キリスト教のイエス像などは人間の形をしています。だから多神教の要素があるというわけです。


馬渕 そうですね。とても重要な指摘だと思います。我々は近代の歴史というと、キリスト教とたとえばイスラム教が戦っているなどと言いますが、そんな単純なものではありません。

根っこを考えると、イスラム教というのは、今おっしゃったようにユダヤ教の宗教改革みたいなものですね。その上でムハンマドは、「最も優れた一神教徒であるアブラハムの昔に還ろう」と言っているわけですね。

ところが我々は今、パレスチナ問題も含めて、ユダヤ教とイスラム教が血で血を洗う戦いをしていて、両者は不倶戴天《ふぐたいてん》の敵だと思っている。しかし、実はそうではなくて、この二つの宗教はほとんど一緒なんですね。

事実、「コーラン」というのは旧約聖書をイスラム教徒の言葉で書いたものといっても過言ではありません。だから、二つの書物で同じ話が出てきます。むしろ別物なのは、先生がおっしゃったようにキリスト教だと思います。ユダヤ教ともイスラム教とも別の宗教ですね。

加瀬　つまり、三つの「教団」があるというイメージです。そうすると、相手と違う特徴を作らないと自分の教団がもたなくなっていきます。

どうしてキリスト教がユダヤ人をあんなに憎むのかというと、それは先ほどお話したように、ユダヤ人は全部悪魔の子であるとイエスが言ったと新約聖書にあるからです。

僕はキリスト教のカトリックの大司教とも親しく、我が家の近くにバチカンの大使館があったから、バチカンの大使が家に飲みに来ることが、時々ありました。

それで「新約聖書から、あのイエス様の言葉は削除したほうがいいんじゃないですか」と言ったら、お酒を陽気に飲んでいたのが、突然真面目な顔をして「あれは神の言葉だからできません！」と言うわけです。

ヒトラーがホロコーストで500万人、600万人ともいわれる、あれほどのユダヤ人を殺したのは、彼は非常に敬虔なカトリック信者だったから。部下のボルマン（総統秘書兼個人副官）だとかゲッベルス（宣伝相）も、みんなカトリック信者です。

ローマ法王は1960年代に、あらゆる共産党員全員を破門なさった。カトリックは破門されると、地獄に全員送られますが、ナチスは一人も破門なさっていない……。

それは、別にナチスが初めてユダヤ人を殺したのではなく、特に大使がお詳しいロシア、ポーランドなどでひどいユダヤ人殺しがあったわけですね。ヒトラーは、ガス室を作るための科学技術を持っていたから大量に殺せたのです。今やキリスト教会は、「あれはヒトラーが悪いんだ、自分たちの責任ではないんだ」と言っている始末。

キリスト教もそうですし、イスラム教もそうですけど、キリスト教の新約聖書を読むと、愛の宗教だといわれるように、素晴らしい言葉もたくさん出てくるんです。コーランも、みんな仲良くしよう、貧しい者を守る、そういう素晴らしい言葉もたくさんある。しかし、その一方で残酷な部分もまた、あるんですね。

隣人愛はキリスト教の専売特許ではなかった！

馬渕　先生がおっしゃったので思い出しましたが、イスラエルにいたとき、私もユダヤ教に関心を持っていろいろと勉強しました。それで、ユダヤ教には613の戒律があるのですが、全部は当然覚えられません。

では、一体その戒律の中で、ユダヤ教の真髄は何なのかということを、ラビやヘブライ大学の先生などに聞いて回ったのです。その結果、私が納得できた答えは、今から2000年前くらいのラビで、アキバという人の教えです。

加瀬　有名な哲学者ですね。

馬渕　ええ。そのラビ・アキバに2000年前、私と同じ質問をした人がいたらしい。「ユダヤ教の真髄を一言で言ってください」と。それに対してラビ・アキバは、「それは、あなた自身を愛するごとく、隣人を愛しなさい」と答えたそうです。

これは、『トラ』の「レビ記」にある言葉です。つまり、この考えはキリスト教の専売特許かと思ったら違うわけですね。

加瀬　そうですね。『トラ』にはそのように素晴らしい言葉がたくさん書かれていますが、先ほど見たように、「これが宗教書?」ということも書かれています。

馬渕　そうなんです、混在しているのが問題なんですが……。

また、私がたまたまイスラム教の指導者の方に話を聞いた際、「イスラム教の教えの真髄を一言で言ったら何ですか」と同じ質問を投げてみたところ、驚いたことに、彼が言ったのはですね、「あなた自身を愛するごとくに、隣人を愛しなさい。これがイスラム教の真髄だ」って言ったのです。

私はビックリして「ユダヤ教のラビも同じことを言っていますよ」と言ったところ、「そうなんだ」と返してきたわけですよ。だから、そういう意味では、ユダヤ教とイスラム教は兄弟宗教で、本来仲良く共存していたのです、昔は。

ユダヤ人にはなぜ成功者が多いのか？

加瀬　さて、ユダヤ教の聖書『トラ』というのは、別名「モーセの五書」と呼ばれていま す。それと並んでユダヤ人が大切にしているのが「タルムード（Talmud）」です。

　1970年代の初め、麻布にあるユダヤ人教会（シナゴーグ）に電話をして、「タルムードを読みたいから、ぜひ貸してくれないか」と頼んだことがあります。

　それに対してラビが、「結構ですよ。ただ小型でもいいからトラックを持ってらっしゃい」と言ってきたのです（笑）。「全部で70巻から80巻ありますから」ということで。しかも、1冊が非常に分厚いんです。

　これはどうしてかというと、もう2000年以上ユダヤの賢人たちが集まって論争したものを、随時載せているからなのです。つまり、〝終わりが無い教典〟であって、今でも必ず最後の2ページか3ページかは真っ白のまま。毎年新しい知恵を加えているんです。だから誰一人として始めから終わりまで物理的に読めないんですね。

　これは中国の儒教の『論語』もそうですが、日本では論語というと精神修養の素晴らしいことが書いてあると皆さん思っています。しかし、実際には料理のレシピもあれば、遊び方も書いてある。要するにハウツーモノなんです。タルムードも、どうやって体を動かしたら健康になるのかとか、セックスの愉しみ方とか、いろいろなことが載っているわけです。

英語では、ユダヤ人の頭の良さを「タルムーディックマインド」と表現します。つまりは「百科全書的な頭」ということになりましょうか。ユダヤ教の一番大きな特徴は、〝祈る宗教〟ではなくて〝学ぶ宗教〟だということなのです。

まず『トラ』、つまりモーセの五書を学ぶことが祈ることになります。仏教のように「南無妙法蓮華経」とか、キリスト教のように「天にましますわれらの父よ」など、いくら祈りの言葉を唱えても、ユダヤ教の神様は喜びません。『トラ』を読んで勉強することが、すなわち一番の祈りなのです。

ユダヤ人の男の子は昔から13歳になると、ご近所衆が集まるシナゴーグにおいて、聖書の1節を読み上げて、それに自分なりの解説を人々の前で加えなければなりません。これが彼らの成人式なんです。

こうして、バル・ミツバ（成人）になります。学ぶことが祈ること、という唯一の宗教らしい儀式だと思います。識字率が１００％だからこそ、できることでもありますね。

馬渕　学んで、後は実践するということが重要だということですね。バル・ミツバのときに自分が学んだ解釈を、今後の生活において実践していくということだと思います。だから、ユダヤ人は頭が良いというよりも、とにかく学んでそれを実践すれば、誰でも本来頭が良くなることをやっているということなのです。

それで面白いのは、そういう訓練を主として普通の家庭では母親が指導しているということ。イディッシュ語を話す東欧系のユダヤ人から、「イディッシュママ」、すなわち教育ママという言葉が生まれたくらい、教育熱心なんです。

加瀬　英語でいうジューイッシュ・マザーですね。

馬渕　その通りです。

加瀬　とにかく母親が恐ろしいんですよ。息子が50、60歳になっても、お母さんが元気だと、息子の生活に干渉してきます。

馬渕　だから、イスラエルの「帰還法」において、母親がユダヤ人であることがユダヤ人の定義に入っているのも、むべなるかなと思います。そういう母親に育てられれば、立派なユダヤ教徒になるわけですから。

加瀬　人類の歴史で教育水準が高い民族――ユダヤ人が民族かどうかは別として、この際便宜的にそう呼びます――は、ユダヤ民族と日本人ですね。安土桃山時代に日本に来た、ザビエルをはじめとするキリスト教宣教師によるローマの本部への報告書を読むと、日本ではほぼ全員が、男も女も子供も字が読めるといって仰天しています。一方、向こうの民衆は識字率がほぼ0％ですから。

馬渕　要するに、布教が難しいと言っているわけですね。頭が良いからいろいろ質問してくると。この識字率の高さ、日本人のほぼ全員、貧しい人でも字が読めたというのは、ザビエルだけじゃなく西洋世界の人にとって、非常に驚きだったらしいですね。

ちょっと話が脱線して時代が飛びますが、先の大戦のときの日本の兵隊さんが、一番下のランクに至るまで皆、本を読んでいたということに、欧米の将官はびっくりするわけです。ところが日本の兵隊さんにとっては、欧米の兵隊さんが字を読めないことにびっくりしたと。こういう笑い話があるくらい、やはり教育の差というのがあったのです。

加瀬　ドナルド・キーンさんという方がおりますね。文化勲章をもらったアメリカのコロンビア大学の名誉教授で、もう95歳になります。

そのキーンさんが戦争中にアメリカ海軍の日本語学校で訓練を積み、日本の捕虜を尋問する係になりました。その際に、太平洋戦線で日本の戦死者や捕虜から日記や文章を集めて、それを後に本にまとめました。

これを読むと、日本の兵士は全員が真面目にアジアの解放や国を守ることについて書いていると。それに比べてアメリカ兵は、早く帰って彼女に会いたいだとか、もっと美味いものを食いたいだとか、そんなことしか書いていません。それで、キーンさんはこう書いているんですね。「私は日本のほうが戦争に勝つべきだと思った」と。

馬渕　ここは戦争の話をするところではないのですが、今後の関係から考えても非常に重要だと思うのは、日本はやはり精神的には負けなかったっていうことです。

日本人が学ぶべきトラブルを未然に防ぐユダヤの知恵

加瀬　話をユダヤに戻しましょう。ユダヤ人は結局全世界に散っていったわけですが、そのため非常に国際的、グローバルな人たちとなりました。ですから今のグローバリズムというものは、多分にユダヤ人が作り出したものと言っていいと思います。

馬渕　そうですね。

加瀬　ところが日本では、ユダヤ人というと何か陰謀ばかりたくらんでいるとか、ユダヤ人がアメリカを動かしているといったような話に終始してしまいがちです。しかし、ユダヤ人はそんな力など持っていません。

馬渕　先生がおっしゃるように、離散したユダヤ人にとって、自分たちのホーム、故郷は全世界だという発想ですね。ですから、彼らにとって移民とは、何も特別なことではありません。ところが我々のような伝統の強い国で育った人間にとっては、移民というのは特別なことです。ですから、我々がユダヤ人を誤解している背景には、そのギャップがあるのではないかと私は思っています。

アメリカのトランプ大統領も、移民に対して壁を作ると言っていますね。しかしながら、それに対して、国際主義者、グローバリストからの反発があるのは、もともとそういう人たちにユダヤ系の人が多いこともあるでしょう。

つまり、移民なんて普通じゃないかという発想になっている人。今の反トランプ運動は、そういう人たちと、まとまってこそ国だという発想の人たちとの衝突なんだろうという気がしてなりません。

加瀬　日本の場合、東日本大震災のような天災に襲われて家が潰れてしまうとか、津波で家が流されてしまっても、その土地に残ってまた家を作る、あるいは田畑を耕すということができます。ところが、ユダヤ人の場合は永住していられる故郷のような場所がないので、命からがら逃げ出さなければなりません。だからこそ、非常にグローバルなのです。

馬渕　それゆえ、グローバルなシステムというのを作り上げられたわけですね。よく言われますが、たとえば手形もそうですし、今の我々が享受している経済システムというのも、ユダヤ人が発明したことです。

加瀬　ですから、私はユダヤ人から日本はもっと学ぶべきだと思います。

馬渕　たとえば契約の概念ですね。これは日本人と発想が違って、日本はかつては契約は必要としなかった。信用で取引していましたから。ところがユダヤ人の場合は、先生がおっしゃるように、とにかく何かあったら逃げるしかない、そうすると頼りになるのは紙に書いた文書ということになる。だからユダヤの人は「契約が重要だ」と言うわけです。

一方で日本は、信用社会でやってきたから契約書はどうでもいいとなり、条文の隅々までチェックなどしない。ところが、そうした条文の中にこそ非常に重要な取り決めが入っていたりすることが間々ある。そして、それを見落としてもめたりするわけです。

これも一つの文化摩擦かもしれませんが、そうしたところからもトラブルが起こるわけですね。だから今先生がおっしゃったように、そういうユダヤ人の知恵に学ぶということは、私も非常に重要だと思います。

ユーモアと知識と相対性理論

加瀬　私にはユダヤ人の友人が多くいます。彼らは皆こう言うんですね。「自分たちは、笑いを非常に大切にする」と。アインシュタインも、自分が相対性原理を発見したのは笑いとジョークを子供の頃から好んだからだと語りました。どうしてかというと、笑いというのはまったく異質なものを二つ繋げるとおかしいから笑いになるというのです。

一つ、例を挙げましょうか。

私は『ブリタニカ国際大百科事典』の日本語版の初代の編集長を務めました。原書のブリタニカには、ユダヤ人のアーサー・ケストラーという英文学の大御所が書いた文章が載っています。彼は「笑いとユーモア」という項目を書いていましたが、残念ながら日本語版では分量の関係で省かざるを得ませんでした。そこで紹介されていたジョークを見てみましょう。

ヨーロッパのとある公国の領主が、狩りに出掛けるためにお城を出ました。その間にお后が、事もあろうか、その公国の大司教をベッドルームに引き入れて、してはいけないことをベッドの上でしているのです。そこに領主が忘れ物をしたので慌てて帰ってきて、自分のお后がおかしなことをしているところを見てしまいます。

ところが、領主はそれに構わずにバルコニーに出て、下を通っていく領民に対して十字を切り始めます。大司教が半裸でバルコニーに走り出て、「公爵様、一体何をなさってらっしゃるんですか」と尋ねました。そうすると領主は落ち着いて、「あなたが私のすべきことをしているから、私はあなたがすべきことをしているのだ」と言ったと。これは典型的なジョークであると書いています。

このように、異質なものを二つ繋げることによって、ジョークは成り立つということです。だからアインシュタインの相対性理論も、「相対性原理」と「光速度不変の原理」という異質なもの二つを一緒にすることによって成り立っているのです。

また、ユダヤ人の皆さんは、子供の頃に物心が付いた際、「村や町がキリスト教徒によって襲われた場合、どうすべきか」と聞かれます。「坊やは命からがら逃げ出さなきゃいけないが、そのときに何を持っていく?」と。「金《きん》とかダイヤモンド」と子供が答えると、「違う。知識です」と答えるそうです。「知識は、命さえあれば奪われることはありません。知識は世界のどこに行っても役に立ちます」とね。

私は政府の仕事もしたことがあるので、ニクソン政権期の国務長官を務めたキッシンジャーとも何回か食事をしたりお酒を飲んだりしたことがあります。彼もユダヤ人ですから、「あなたは、このなぞなぞを親からかけられたことありますか?」と聞いてみました。すると彼は「もちろんある」と答えたのです。

馬渕　まさにそのようにして子供の頃から鍛えていくんですね。そうすると、やがて知識レベルの違いとして、段々と差が付いてくるということなのでしょう。

結果として、ユダヤのそういう人たちが様々な社会で成功を収め、さらには金融の世界で、彼らがシステムを作って成功する。そこから世界的影響力を持った金融家が出てきたことも、また事実ですから。

加瀬　そうですね。ノーベル賞受賞者のうち20％くらいがユダヤ人とされています。数え方にもよりますが、ユダヤ人は世界に２０００万人くらいしかいないわけです。それでこの数字ですから驚きですよね。

私たち日本人は、ユダヤ人の次くらいですね。ノーベル賞の自然科学部門では、21世紀に入ってからはアメリカがトップで日本が2位、その下にイギリス、ドイツなどが入りますが、民族となると、アメリカは多民族国家ですから、ユダヤ人がトップで日本人が2位です。ですから、やはり、必要なところはユダヤ人と手を組み、彼らの知恵に学ばなきゃいけないですね。

馬渕　そうですね、ユダヤ人と日本人の関係についての結論が出たような気がします。

第三章

信仰から見える
ロシアの大地と国民性

ロシア人にとってロシアの大地が唯一の世界

加瀬　これからの時代を読む上で、分かるようで分かりづらいロシアの本質を知っておくのも重要なことだと思いますので、大使が得意とされるロシアの話に進みましょう。

馬渕　まず、メディアも含めて日本の多くの方のロシア観が、大変間違っているということをご理解いただきたいと思います。間違ったロシア観を正すという意味で、加瀬先生とありのままのロシア、真実のロシアについてお話したく思います。

加瀬　日本の中でロシアの歴史、それから民族性、ロシアの外交について一番詳しい大使にお話を伺うことになるので、このテーマも楽しみです。

ただ、ロシアに関しては、僕にも自慢がありましてね（笑）。それは、身内にロシア人がいたということ。私の母の一番上の兄・小野俊一《おのしゅんいち》が、昆虫学の研究のためロシア革命前のサンクトペテルブルクに留学をして、当時の社交界で一番ときめいていた若き女性バイオリニストと恋に落ち、革命寸前に日本に連れて帰ったのです。

結婚して小野アンナとなりましたが、諏訪根自子や巌本真理をはじめ、日本の著名なバイオリニストはみんなアンナの弟子です。そのため、「日本のバイオリン界の母」と言われるようになりました。僕の母もバイオリンを習いにアンナのところに通っており、僕も4歳くらいのときからアンナおばさんにロシア語を教わったのです。

アンナおばさんは、イコン、つまり「聖画」を、まるで神様のように拝んでいました。また、「偉大なロシアですよ」といったことを、彼女は日本語でよく言っていました。このように、「偉大なロシア」とか「母なるロシア」とか「聖なるロシア」といったように、ロシア人という民族は、ロシア自体に対する信仰心があるんですね。

馬渕　ええ、それはまったくその通りです。私もいろいろな所でロシアについて言及するときに説明しているのが、ロシア人にとってロシアの大地、それが世界だということ。つまりロシア以外は世界ではない。おそらくアンナさんもそうでしょうけど、ロシアの大地を愛するということは、ロシアが一つの世界であると考えていたのだと思います。ロシアという世界の中でしか生きられないというのが、多くのロシア人の特徴なのです。

ですから、共産主義時代に亡命した人が多くいましたが、それはロシア人ではなく、ロシア系ユダヤ人がほとんどでした。

とにかく、ロシア人というのは国を捨てられない。ノーベル賞作家のソルジェニーツィンのように亡命した人もいますが、それでもやはり帰ってきてしまう。実際に彼はアメリカに行きましたが、アメリカでは執筆活動ができないからと、ロシアに帰ってきたのです。

だから、それくらい大地が持つ力、土着力とでもいうものがロシアでは強いのです。

加瀬　アンナおばさんは、もちろんロシア正教の信者です。「アーメン」ではなく「アミン」と言っていました。十字を切るのも、上、下、右肩、左肩の順で、西側とは逆です。僕はその後、西側のキリスト教徒が、左肩から右肩へ切るのを見て、「あ、間違っている」なんて思ったものですけど（笑）。

「原罪」概念がない正教会

加瀬　正教で言う「ハリストス」とはイエスのことです。だからハリストス正教会と言うわけですね。

ギリシャ正教は、ギリシャ民族とかギリシャ国の「ギリシャ」ではなく、ギリシャ文化のギリシャです。ローマの教会と分かれて、コンスタンチノープル、つまり今のトルコのイスタンブールで栄えました。そういえば、「ギリシャ正教」とはよく見ますが、「ロシア正教」とはあまり言わないですね。

馬渕　正教というのは、カトリックのようにローマで統一されるのではなくて、各々の国の信仰がそれぞれ独立性を持っています。ですから便宜上、分かりやすいようにロシア正教、ウクライナ正教、あるいはギリシャ正教などと言っておりますが、元々は「東方正教会」と呼ぶのが正しいと思います。

加瀬　仏教の主な宗派は、13に分かれて13宗、そこからまた多く分派が出てきて56派といわれています。それと同じように、キリスト教もまずローマカトリックと東のほうの正教会に分かれました。

ロシア正教やギリシャ正教の特徴は、十字架の端が八つあることです（八端十字架）。一方、カトリックやプロテスタントといった西側のキリスト教の十字架には、四つの端しかありません。だから、僕は幼い頃から西側のキリスト教の十字架を見慣れていましたが、先ほどのアンナおばさんの十字架になじんでからは、「あれ？　足りないな」と思うようになりました（笑）。

正教会の八端十字架

馬渕　これは私の感覚的なものですけど、我々は西側のカトリックなりプロテスタントなりが本家だと思っている気がします。しかし、本来、原始キリスト教と言われるものは、むしろ正教のほうが近いんですね。つまり、イエス・キリストの教えを最も近い形で受け継いでいるのは、実は東方

正教会ではないかと私は思っています。もちろん私自身、東方正教会の信者でも何でもありませんが……。

加瀬　ただ、正教会とはどういうものか、ということに関して言いますと、たとえば仏教の真言宗と浄土宗はどう違うのか説明しなさいと言われてもきちんと説明できないように、正教とそれ以外のキリスト教信仰のどこに違いがあるのか、よく分かりません。

馬渕　戦後は、宗教教育そのものをやらなくなりましたから、ますます分からなくなっていったのですね。信者でない人間が宗教を勉強するというと、神学的な話になってしまって、教えの要素、教えの真髄にはなかなか至らない……。

ですから、教えの真髄というのは分からないと前置きしておきますけれども、正教文化では、まず原罪説はとりません。これが、カトリックやプロテスタントとの大きな違いです。正教徒の信者は、人間は「良き者」として神に創られていると考えています。つまり、「生まれながらにして罪人」ではないわけです。

もちろん、人間というのは生まれた後から、いろいろな誘惑に負けてしまうことはあります。しかし、それも自らの力で克服できるという発想なのです。

加瀬　その点は神道に近いですね。

馬渕　おっしゃる通りなんです。実に面白いですね。

正教会における「祓う」ことの意味

加瀬　キリスト教やユダヤ教で言う原罪。エデンの園にアダムとイブが幸せに暮らしていたのですが、神があれだけ食べてはいけないと禁じていた実を、まずイブが取って食べて、それが美味しいからアダムにも食べさせた。それが原罪なんですね。その罪で、楽園から追い出されてしまうわけです。

馬渕　「知恵の実」と言われていますが、要するに〝分別〟ですね。どういう分別かというと、自分と他人というものの分別、つまり「自我」というものが出てしまったということだと一般的には考えられています。

しかし、私が少し付け加えるならば、「知恵の実」というのは物質主義のことも象徴しているのではないでしょうか。物質主義に溺れてしまえば、人間は神の心に従って生きられないということを示しているのではないかと、勝手に想像しています。

人間というものは生まれながらに罪を背負っているのではなくて、元々清い魂で生まれているはずだけれども、この地上世界、つまり物質世界で生活しているうちにだんだんと曇っていく。だから、それを信仰によって祓《はら》っていくと。

「祓う」というのは神道の言葉ですけどね。信仰で祓っていけば、やがて元の清い魂に戻ると。まさに加瀬先生がおっしゃったように、神道の教えと似ているんですよ、正教というのは。

元々人間は素晴らしいという考え方

加瀬　ところで宗教書というのは、みんな矛盾があるものですが、本書でも何度か指摘しているようにユダヤ教の聖書、キリスト教で『旧約聖書』と言われているものの中には、不思議な描写がたくさんあります。

たとえば「創世記」の中に、エデンの園では高価な宝石がたくさん産出したという描写があります。僕は中学生の頃、カトリックの神父さんに「アダムもイブも素っ裸で暮らしていたのに、どうして宝石があんなに取れたって書いてあるんですか」と聞いてみたのです。すると、その神父さんは困ってしまって……。「そういうことは子供が関心を持つことではありません」と言われて、今日に至っています（笑）。

馬渕　だから、カトリックの人は反発されると思うのですが、元々人間は知恵の実を食べるまでは清い魂だったんですね、先生がおっしゃるように。

加瀬　ペットの犬や猫みたいに純真だったというわけですね。

馬渕　そう。とにかく純真だったわけで、本来は原罪なんて負ってなかった。神様ももちろん罪を負っている者を創られたわけではありません。そういうことを突き詰めていくと、原罪説というのは何が何だか分からなくなってしまいます。

元々人間というのは、素晴らしいものではないかと。宗教感情とは別に、素晴らしいものでなければ、この世に生まれてくる意味がどこにあるのか、と私などは思うわけです。というのは、日本人は生まれながらにして神道教徒であるとでもいいましょうか。つまり我々は、神道教徒だと教えられてもいないし、先生がおっしゃったように教義があるわけでもないけれども、我々の生活そのものが、神道の生活になっていると。しかも、そこにはカトリック教徒がいれば、仏教徒もたくさんいるわけです。私も仏教徒ですし。

イスラム教徒はどうだか分かりませんが、おそらくカトリック信者でも、日本に住んでいる多くの方がお正月には神社に行かれると思います。しかしながら、それは我々にとっては何ら矛盾するわけではありません。ここのところが、厳密な一神教の信者の方には信じられないのではないかと思いますね。

聖堂の中に表されるキリスト教の本質

加瀬　ところで東京の御茶ノ水にはロシア正教の教会があります。ニコライ堂です。この聖堂の中を見ると、実はキリスト教というのは多神教であることが分かります。

　ユダヤ教からキリスト教が生まれて、ユダヤ教、キリスト教からイスラム教が生まれますが、前述のようにユダヤ教とイスラム教は完全な一神教なんですね。だから、ユダヤ教の教会であるシナゴーグ、それからイスラム教の教会にあたるモスクには、人の形をしたご神体がありません。

　ところが、キリスト教会ではイエス像が鎮座しています。そして、マリア像もある。さらにニコライ堂には、大天使ガブリエルの像まであります。つまり、多神教なのです。

　ロシアも元々多神教信仰があったところで、そこにキリスト教が来たわけですね。ちなみに、一番力を持っている神様は雷の神様である「ペルーン」です。

馬渕　おっしゃるように、ロシアでは土着の信仰が強いですね。

　キリスト教は多神教だというご指摘は、改めて非常に興味深いものがあります。カトリックの方は、「多神教だ」といわれることに抵抗があるかもしれませんが、実際に様々な像が存在しているというのは、先生がおっしゃるように、まさに多神教的なんですね。
ただ、多神教といっても神道のそれとは全然違うものです。我々の神道は多神教だと言われておりますが、神社に行っても神様の像なんて一つもない。ただ鏡が置いてあるだけなんです。

加瀬　だから僕は仏教のお寺に行っても抵抗があるのは、なんかキンキンギラギラで、さらに人間の像があるんですね。「どうして、人間が人間を拝まなくちゃいけないのか」と思いながら仏像を見ています。

正教会におけるイコンとは「天国への窓口」

馬渕　それはおっしゃる通りで、仏教の場合も、菩薩なり如来なり、色々な仏像を拝んでいるわけです。
ところが正教の場合、よくよく彼らの話を聞くと、確かにいろいろな聖人の像、「イコン」があるけれども、その像自体を拝んでいるわけではないといいます。その像を通して、その元にあるキリストを思い浮かべているというわけです。それが、正教の人がイコンを説明する際の特徴です。

ウラジーミルの生神女

生神女マリアと子

　ウクライナの首都キエフに、世界遺産に指定されているペチェルースカという有名な修道院があります。そこは、ウクライナにありながらロシア正教の修道院なのです。私が見学に行った際、修道士に「イコンとは何ですか」と聞いてみました。すると、「天国への窓口だ」と説明してくれたのです。イコンを通して天国を見る、つまり神の国を見るということになります。

　これは正教の教義による解釈ではないでしょうが、教会にあるイコンは、いわゆる多神教的なものではないと思います。そうではなく、イエス・キリスト、神の国を見るための媒介だと考えているのではないかと。

加瀬　なるほど。ロシア人の家庭に招かれたことがありますけれども、イコンに対する信仰心が特に印象に残りました。それは私の知っている西側のキリスト教徒の家にマリア様の像があるとか、聖画があるということとは、まったく違うわけなのですね。

馬渕　前ページの絵が最も有名なイコンで、ひょっとして皆さんも学校の教科書でご覧になっているかもしれません。つい、ウラジーミルの「聖母マリア」と言ってしまうのですが、正教ではそうは呼びません。正しくは「生神女《しょうしんじょ》」と読むのです。神をお生みになった、キリストをお生みになった女性という意味ですね。

私も当初「聖母マリア」と言っていたら叱られました。このウラジーミルの生神女はとても有名で、なんと十二使徒の一人であるルカが描いたと言われています。モスクワのトレチャコフ美術館にある、まさに世界の宝物といっていいものでしょう。

さらに、もう一つの絵をご紹介します。

これは面白いことに、今で言えばエジプトのシナイ半島のカタリナ修道院にあるイコンなのです。先ほどのイコンを比べると分かるのですが、その生神女、つまりマリアと幼子のイエスが描かれているのです。これがロシア人に最もピタッとくるイコンなんですね。

他にも様々なイコンがありますが、十中八九、ロシアの人に一番親しみがあるのが、このマリア様と幼いイエスのイコンです。おそらく多くの一般家庭にも、あるのではないかと思います。

加瀬　非常に素朴な印象ですね。

馬渕　おっしゃる通り、素朴なんです。その精神が〝ロシア魂〟とでもいいましょうか。あるいは、彼らが言うところの〝農民魂〟なのです。ロシア人、ロシアの原点は農村にありというように、まさに一般民衆を意味する「ナロード」という言葉は、元々農民という意味だったそうです。人民ではなく農民なんですね。

そこから、このような素朴な信仰が芽生えている。先生がおっしゃったように、元々、土着の多神教信仰があったところにキリスト教が入ってきたので、受け入れやすかったわけですね。

日本でも仏教を受け入れました。キリスト教は広まらなかったけれども受け入れはしたのは、元々神道という「核」になる信仰があったからこそだと私は思っているのです。

夏の短さとロシア人の気質

加瀬　私は、これまで外交官をはじめ、様々なロシア人とお付き合いをしてきました。しかしながら、ロシア人というのが、いまだによく分かりません。とにかく荒っぽいところがあって、「付き合いきれない」と思わせるところがある。

たとえば、今のアファナシエフ駐日ロシア大使と昨年晩餐会で隣になったので、シリアを爆撃して帰ってきたロシアの空軍パイロットたちにプーチン大統領が勲章を授けたことを話題にしてみました。すると大使が、「我が国では勲章をもらったら、こういうグラスにウォッカをなみなみと注いで、もらったばかりの勲章をポトンと落として、一気飲みするのが礼儀なんです」と言うわけです。

馬渕　そうなんですか。

加瀬　ナポレオン戦争のときからそうだということです。「大使、申し訳ないけれども、私が勲章をいただいたら、命がけになりますな」なんて大笑いしましたが……。

馬渕　なるほど、そうですか。私は、ソ連時代の2年ちょっとしかいなかったので、そうしたシーンにお目にかかることはありませんでした。ただ、今先生がおっしゃった、「荒々しい」というのは確かにそうかもしれません。

良く言えば素朴になるし、悪く言えば野蛮になるわけですね、ロシア人というのは。だから、ヨーロッパから見ればロシア人は野蛮に映る一方で、こちら側から見ればロシア人は素朴だなぁとなるのかもしれません。

加瀬　それにしても、ロシア人のお酒の飲み方はすごいですね。我々のように口で味わうのではなく、喉で味わうのが流儀なんですね。ちなみに、中国のマオタイとか紹興酒、あれも口の中で味わうものではなくて、喉で味わうものですね。

馬渕　よく分かります。ロシアの場合は喉を通り越して「胃で味わう」ということもあって（笑）。というのも、彼らは一気飲みでガッと飲むんですけどね、後で水かオレンジジュースをガッと飲むんです。それで、胃でちょうどうまくミックスして、割るんですね。だからおっしゃったように、そもそも口では味わってはいません。物凄く度数が高いお酒ですから、味わっている余裕などないというか、味わっていたら飲み干せないのではないかという気すらします。バッと口の中に入れて、しかしそれだけではやられてしまうので、後でバッと水かなんかをね、がぶ飲みしています。

加瀬　だから勲章なんかもらうと、後で水を飲まなきゃならないんですね（笑）。

ロシアの夏は非常に短く、麦の収穫を慌てて行わなければならないので、細かいことには構っていられない。だから、ロシア人は繊細さを欠いているんだと、昔から言われてきました。

馬渕　そういう面も否定できないでしょうね。とにかく北のほうは、ほとんどが冬みたいな感じですから。冬は真っ暗で、太陽も射しません。そういう環境で生活をしているのがロシア人ですから。

夏は本当に綺麗ですよ。とても美しいのですが、短いというのもその通りです。だいたい私の経験では、6月、7月で夏は終わり。7月も半ばを過ぎると寒くなるといった具合で、夏は本当に一瞬でした。

私が赴任した際、7月の末にモスクワに着いたのですが、すぐ風邪を引きました。というのも、日本の夏のつもりでセーターを持っていなかったのですね。

8月の途中から寒くなるくらい、夏は短いですね。モスクワですらそうですから、もっと上の緯度の土地に行けばもっともっと短い。

とにかくロシア人というのは、特にヨーロッパの人から見て、良い意味でも悪い意味でも好奇心の対象になっていたというのが正しいところでしょう。

加瀬　帝政ロシアでは、貴族は全員フランス語を話していたんですよね。それでフランス料理を食べるという……。

馬渕　ええ。彼らの間ではフランス語でしゃべっていました。それは一つには、外交の共通語がフランス語であったということもあったのかもしれません。

なお、有名なロシア帝国の女帝エカテリーナ2世は、ドイツ人ですからね。外国人を元首として受け入れるというのは、逆に言えば度量があるともいえます。ところがロシア人に言わせると、そういう人たちもいずれ皆ロシア化したということです。歴史的に見れば、スウェーデン人が入ってきてロシアを支配するようになりましたが、いつの間にかそのスウェーデン人たちもロシア人化したと。

ですから、ロシアの広い大地には、外国から来た外国人も、それから外国文化などもロシア化する力があるんだと、彼らは言うわけです。

ウォッカとロケットだけの大国

加瀬　ロシアについて分からないことが多いこともあり、昔から私はロシアというのは〝縄文時代の国〟だと言っています。

馬渕　ああ、なるほど。

加瀬　どうしてかと言うと、宇宙衛星だとか先端兵器は作ることはできますが、コーヒーメーカーは作れない。スマホも作れないし、腕時計も作れない。乗用車も作れないですしね。実は何も作れるものがなくて、結局は地中から天然ガス、石油、金、ダイヤモンドを採取するだけで経済を回している。不思議な大国ですね。

馬渕　それは半分当たっていますね（笑）。

「半分当たっている」というのはどういう意味かというと、今、先生がおっしゃった特徴は、ロシアというよりもソ連の特徴だったのですね。ソ連はミサイルを作り、核兵器も作った。一応、公式にはアメリカよりも先に人工衛星を打ち上げた国でもあります。

ところがおっしゃる通り、ソ連の場合は、そういった重工業、軍事工業が最優先でしたから、民生用のコーヒーメーカーになんて、とても手が回らない。

私が初めてソ連に行ったのは1979年ですが、この時点でカーテンレールすら作れませんでした。カーテンのフックも作れない。カーテンの生地など、そもそも売ってもいなかったのです。そういう感じで、民生品はほとんど何にもありませんでした。

あるのはウォッカですよ。酒とロケットだけは凄い。

加瀬　あれくらいお酒を飲むのが好きな民族というのは珍しいですね。

馬渕　これはもう本当にそうです。当時はソ連共産党体制ですから、警官たちが威張っていた時代です。

ところが、ウォッカで何でも通るんです。私も自動車を運転していた際、一応外交特権があるにもかかわらず、彼らは何の用事もないのに止めてきます。それで「ウォッカはあるか？」と聞いてくるんですよ。「ある」と言って一本あげると、「よし、行け」って（笑）。

ロシア人と中国人の相違点

加瀬　私は、ロシア人は中国人に似ているところがあるのではないかと思っています。まず、国境の概念がありません。ロシア人は力しか信じないですから。ロシアは元々9世紀に小さなキエフという公国からどんどん大きくなっていくわけですね。だから国境という概念がないんじゃないですか。その点で中国と大変似ていると思いますね。

馬渕　これに関しては、先生と意見が違うような気がします。まず国境の概念から言いますと、元々ロシアという大地があって、それで彼らは満足だったわけです。だから近代的な意味でいうところの国境という概念が薄いことは確かです。

ただし、ロシアという国家をいかに守るか、いかに自分たちの生活を守るかということに関していうと話は別。どうしても国境の問題は出てきますので、国境というものの存在価値自体は認めています。

彼らにとってポイントとなるのは、国境の向こう側が問題のない地帯、いわゆる緩衝地帯――これを専門用語で「バッファーゾーン」と言いますが――でないと安心できないということ。つまりロシア人は「素朴な野蛮人」の面があるにはありますが、だからこそ、とても「小心者」でもあるのです。ですから、国境があってもそれだけでは満足できなくて、国境の外はバッファーでなければならないという、独自の安全保障観があります。

加瀬　そうすると、どんどん広げていったほうが安全だということになりませんか。

馬渕　それは、国境というか領土を拡大するのではなくて、国境の外側ができるだけロシアに友好的な、あるいは無害の国であると。友好的でなくてもいいから害をなさない国であれば良い。つまり、バッファーであれば良いということなんですね。

ですから先生がおっしゃるように、バッファーゾーンは広ければ広いほど良いということになりますが、ただ、そのバッファーゾーンを広げるために戦争をやるかというと、そこまでのことはないと思いますね。

もう一つ先生がおっしゃったことで、若干私の感じと違うのかなと思ったのは、中国人との類似性についてです。むしろ私が感じるところでは、ロシア人というのは中国人とはまったく違う人種だという気がいたします。

ロシア人というのは集団主義的なところがあって、そこは日本人と似ています。ところが中国人は、先生もよくご存じのようにまったくの個人主義者です。ですから、ロシア人と中国人はまったく合わないと思います。

かつてソ連と中国は一応、共産主義ということで同盟関係にありましたが、あれほど内輪喧嘩していた二つの国も珍しいくらいでした。ですから、基本的にはロシア人と中国人は合わない。それを簡単に言えば、集団主義的志向が強いロシア人と、個人主義が徹底した中国人との違いじゃないかという気がしています。

加瀬　ロシア人は「偉大なるロシア」という言葉が好きですね。

馬渕　「偉大なるロシア」というか「ロシアは大国だ」という意識ですね。これは確かに強い。それで自分たちも大国の国民であるという意識が強いんですね。この意識は今も昔も変わらなくて、だから大国としてのプライドを満足させてくれる指導者、たとえばプーチンのような人物がもてはやされるのです。ロシア人にとってのリーダーは、はっきり言って独裁者でも構わないのです。

加瀬　世界の中で、自分の国が大国として威風堂々としていなければいけないと思い込んでいるのは、ロシア人と中国人じゃないですかね。中国では、習近平国家主席が「偉大なる5000年の中華文明の復興」といって中国人が奮い立たされています。

馬渕　習近平が狙っているのは、そういうことなのでしょう。ただ私が感じているのは、いくら習近平が笛を吹いても中国人は踊らないのではないでしょうか。個人主義の中国人というか「華人」には、国家観というものがあまりないと思います。

ところがロシア人は、国家というものが個人の生活を保障するという感覚を持っています。強い国家観を持ち、それだからこそ国家をまとめる強力な指導者に憧れるという点があるのです。

だから、プーチン大統領の政治手法は、いわゆる民主主義ではないかもしれないけれども、ロシア人は彼を物凄く敬愛するわけですよ。ロシアをまとめて、ロシア国民に安心感を与えてくれるというところにですね。

共産主義という無慈悲な体制のもとで、それまで存在していた自分たちの伝統文化を守れるのかどうか。私の経験ではロシア人とウクライナ人だけは、ちゃんと守れたということになります。そして、その彼らのマインドにあるのがロシア正教なのです。

ロシア正教はなぜ生き延びられたのか。その理由は、「転んでもいい」という性質にあります。カトリックのように、いったん転んだら棄教しろ、というようなものではなく、転んでも信仰を持ち続けることができるんだというのがロシア正教の考え方。

ですから、ソ連の共産主義体制に恭順の意を表しても問題ないということになります。表向き「共産主義バンザイ」と言っていた人たちが、心の中で信仰を持ち続けることができたので、ロシア正教、ウクライナ正教は生き延びられたと思います。

ロシア最大の問題は健康

加瀬　ところで2016年12月にプーチン大統領が日本にお見えになって、安倍総理の郷里の山口に行かれました。あのとき日本政府が、シベリア振興を中心とした「8項目の日露経済協力プラン」を発表しました。

　その何と第1項目に挙げられたのは、ロシア国民の健康寿命が短いから、これを長くするための医療の支援を行うということ。私は、ロシア人が短命なのは、ウォッカの飲みすぎだと思うのですが……。

馬渕　その通りだと思います。ロシア人は酒飲みだといいますが、一つには、あの寒さでは、やはりお酒が必要だという面もあるのでしょう。ただおっしゃるように、ウォッカの飲みすぎで寿命が短くなっていること、それから暴力沙汰や殺傷事件が起こっていることも、また事実なのです。

　ですから、ウォッカをどうコントロールするか、アルコールをどう合理的に飲むかというのはロシアにとって非常に大きな問題です。それゆえに、日露協力8項目の第1項目に健康寿命を延ばすテーマが出てくるというのは、ロシア人がまず最優先で臨まなければな

8項目の日露経済協力プラン

項目	主な内容
①医療・健康寿命	日本式の質の高い医療技術の提供、ロシアでの健康医療センターの設立
②都市環境整備	都市整備のモデル事業の実施、上下水道整備、廃棄物処理支援
③中小企業交流	日ロ両国の企業のマッチング、相互進出の枠組み設定
④エネルギー	サハリン沖での天然資源生産・開発促進、ロシア国営企業への出資
⑤産業多様化	ロシア企業への融資、ロシア国内工場の生産性向上への協力
⑥極東開発・振興	日ロ合弁の植物工場の整備、住宅など生活環境の改善
⑦先端技術協力	郵便システムの効率化、原子力・医療・情報通信分野などでの共同研究
⑧人的交流	日ロ両大学の交流促進、ビザ発給要件の緩和

らない課題だということを表しています。

加瀬　同じく2016年末、日本でもテレビや新聞で報じられましたが、シベリアにあるイルクーツクで、メチルアルコールが入った入浴剤を飲んで71人が死んだという報道がありました。ところが、ああいうことは別にイルクーツクに限られたことではなく、全国で起こっているんですよね。

馬渕　おそらくそうだと思います。

加瀬　それで10万人ぐらいが死んでいるという統計があります。安いウォッカは一瓶190ルーブル、330円くらい。密造のウォッカだと、半額くらいの100ルーブルで買えてしまう……。

しかも、こうした密造のウォッカでなくて、メチルアルコールの入った入浴剤だとか、そういうものを飲む人が多いわけですね。だから8項目の一番トップに医療を挙げるのは大変結構だけれども、それよりも日本から禁酒同盟の指導員でも派遣したほうが、よっぽどいいのではないでしょうか（笑）。

馬渕　アメリカで一時期あった禁酒時代のように、ということですね。ロシアにもアメリカのマフィアにも勝るとも劣らないような連中がいるといいますから、そういう人たちの資金源になる危険性は、やはりあるのだと思います。そこをうまくコントロールするという妙案は、私にもありません。

とにかく今のロシアが抱えている最大の問題が、国民の寿命ですね。世界銀行のデータによると、２０１５年の平均寿命は70・91歳。女性は77・55歳ですが、男性に限って言うと65・45歳という短さです。

しかも、少子高齢化で人口が減っています。平均寿命を延ばさなければならないのに、医療水準が低いですからね。そういう意味では、医療が8項目のトップに来たというのはよく分かる。

あの自然環境のもとでは、なかなか平均寿命は延びないでしょう。しかし、同じく寒い北欧の人は、ロシア人より寿命が長いわけですからね。つまり、寿命の短さは自然環境が要因ではないはずで、お酒の飲みすぎだというのは分かりきったことですよ。

加瀬　確かに北欧も、かなり寒いですからね。彼らもけっこう飲んでいますが……。

馬渕　飲んでいますけれど、寿命は短くない。つまり、ロシアは医療水準も低いわけです。それはソ連時代の、民生が後回しになっていた名残なのですが、元々帝政ロシアの時代でもヨーロッパの水準から遅れていたのです。

だからロシアにとって、ピョートル大帝以来の最大の問題というのは、いかにヨーロッパに追いつくかだったわけです。ただ、先ほど申し上げたロシア人の心情からすると、ただ単に西洋化するというのは、やはり受け入れられない。そこをどうするかというのが、実はロシアの建国以来の最大の問題であって、プーチンもそれに取り組んでいます。今まで誰も実現できなかったことですから。

今に生きるドストエフスキー以来の愛国心

馬渕　ちょっと話は飛びますけれど、文豪ドストエフスキーの問題意識というのは、まさにそこにあったんですね。つまり、西洋化の波に対してロシアのスラブ主義と、どううまく共存させるのかと。それがドストエフスキーの問題意識でした。

ドストエフスキーは物凄い愛国者と言われていますが、スラブ主義が持つ〝土着力〟に注目していたんですね。つまりドストエフスキーも、西欧化する際に起こる色々な問題点をうまくロシア化するために、スラブ主義の力を活かすという考え方でした。スラブ主義に対して「人類を救うことになる」とまで言わしめるほど、彼はスラブ主義を信仰していたのです。

プーチンは、そういうドストエフスキー的な精神を引き継いでいると思います。プーチンが書いた論文を読んでみると、結局、欧米化というかグローバル化、グローバリズム、それとロシアの伝統的価値をどう結びつけて発展させるか。これがロシア最大の課題だと言っているわけです。

加瀬　プーチンは同性愛を禁じているから、イスラム世界では人気が高いですね。

ロシアの国章

馬渕　そうだと思います。ただしそのせいで、ご承知のようにソチオリンピックの際には、オバマもオランドもキャメロンも、開会式への参加をボイコットしたわけですが……。

加瀬　それからね、アメリカへの対抗措置で、モスクワのマクドナルド全店を営業停止に追い込むとか。

馬渕　そんな報道もありましたね。そういうのは我々から見るとちょっと行きすぎだと思うのですが、「ロシア魂」からはウケるんですね。

加瀬　ロシアの国章は帝政ロシア時代以来、右左を見ている双頭の鷲が用いられています。あれは片方でヨーロッパを見て、もう片方でシベリア、アジアを見ているんですね。

北方四島返還と経済協力という取引の行方

加瀬　今、ロシアは少子化で困っています。これもウォッカの飲みすぎに一因があるのかもしれませんが。そうすると、あの広いシベリアに、人を送れなくなってしまうでしょう。

馬渕　そうですね、人口は600万人くらいしかいないですから。

加瀬　その反面、今、中国からそれ以上の人が入っていると言われています。

馬渕　だからこそ先ほど、日露協力8項目の最初の1項目を取り上げましたが、それ以外に目を転じると、シベリア開発も入っているわけです。

プーチンにとって、これは経済協力の問題ではなく、ロシアの安全保障の問題なのです。ロシアの国家を成り立たせていく屋台骨になる項目ともいえます。この8項目を日本のメディアは「経済と領土の取引だ」と言っていましたが、そうではありません。あれはロシアにとって最大の関心事なのです。

ロシアを本当の意味での大国にする。それが8項目の狙いです。今のロシアは、先生がおっしゃったように、縄文式の土から出た資源だけを売って生きていますから。

加瀬　このところ、資源が安いから困っていますしね。

馬渕　確かに、資源が安くなっているから困っているでしょう。しかし、資源が安くなっても大丈夫なような経済体質に変えたいというのがプーチンの考えなんです。そのモデルになるのは日本しかないというのも、プーチンの確信なのです。

加瀬　でも、あんなにウォッカ漬けになっていて、ちゃんと我々が手を差し伸べても経済発展なんかできるのでしょうか。

馬渕　ウォッカの代わりに日本酒を飲ませるという、そういう協力もあるかもしれませんけどね（笑）。

やはりね、ロシア人の特徴の一つである、先ほども述べたような大地に対する思い入れ、これは日本と似ているわけです。ロシア人は簡単に移民しようとは思いません。さらに、郷土愛が強いという一面とともに、家族を大切にするということも、日本人と似ているわけです。

ですから、地に足の着いた産業を興せる可能性はあると私は思っています。日本人が今までやってきたことを、うまく取り入れればできるはずですから。

今度の8項目の中にも、中小企業の振興というのが入っています。先生がおっしゃったように、ロシアで民生の部分が遅れているというのは、その基盤となる中小企業が弱いからなのです。

一方で中小企業というのは家族的な経営が多いわけですから、日本人もそうですが、ロシア人も家族的な経営は肌に合っていると思います。ですから、これは強力な指導力が必要で、プーチン大統領がそういう問題意識で引っ張っていき、そこに日本の技術協力がピタッとハマれば、ロシアは本当の意味で、史上初めて大国になるチャンスがあると思うのです。

だから、「北方四島を返せ」と私は言っているんですが（笑）。それとの取引だと。

加瀬　私はね、中国は対外戦略が非常に下手だと思いますが、ロシアは上手ですね。

馬渕　ええ。特にプーチン大統領は、戦略的にうまくやっていますね。

加瀬　シリアでやったこともね。また、クリミアの盗み方も巧みです。

馬渕　盗み方といえばそうなんですが、若干ロシアを弁護すればね、クリミアは元々ロシア領だったわけですね。

加瀬　まあ、フルシチョフが酔っ払ってクリミアをあげちゃったという（笑）。

馬渕　とにかくウォッカの飲みすぎは良くないですね。ウォッカを飲みすぎると領土も失ってしまうということですね（笑）。

加瀬　国連の加盟国は200くらいありますけど、その中でこれほど飲酒が問題になっている国というのは他にはありません。その点、ロシアは珍しいですよね。

馬渕　おっしゃる通り、ロシアが解決しなきゃいけない第一の問題は飲酒問題だということです。

冒頭で格好良く、「一般の日本の人々が描いているロシア観をぜひ正したい」と言いました。しかしながら、先生の強烈なパンチを受けて、どこまで正せたかは分かりません。ただ、やはりロシアというのは関心を持っていい国だということ、関心を持つべき国だということはお分かりいただけたのではないかと。

加瀬　大賛成です。もっと仲良くするべきですよね。

馬渕　そうですよね。そのためにはウォッカをもっと飲みましょうと、こういうことになってしまうんですね（笑）。

第四章
イスラム教と反グローバリズムの潮流

働くという概念がなかったサウジの人々

加瀬　第二章でも少し紹介しましたが、世界と日本の関係を見ていく上で、やはりイスラム教、あるいは中東諸国の動きも抑えておかなければなりません。

たとえば、今、中東の大国サウジアラビアは大変な状態になっています。実は、サウジアラビアというのは１９３０年代にできた新しい国家です。１９７０年代に二度の石油ショックが起こって、原油価格が上がりました。すると、とにかく木にお札が成っているような国になってしまいます。税金がない、医療費もかからない、家賃もないという、すべて国家持ちの国になったのです。

おまけに人の嫌がる労働は全部外国人を雇ってきて働かせていました。それまで、ラクダに重い荷物を運ばせたり、食用肉として利用してきましたが、豊かになってからは、もっぱらラクダレースに使われるようになります。

サウジに行くと、日本のトヨタのピッカピカのトラックにラクダが乗っていました。まさにらくちん、らくちんという有様です。ところがこの数年、原油価格が落ちてしまった結果、サウジアラビアの経済状況は一気に悪化し、税は無税、治療費はタダというわけに

2017年3月13日、安倍首相と会談を行ったサウジアラビアのサルマン国王
（内閣広報室提供）

はいかなくなりました。

それで46年ぶりに、サウジアラビアの王様が、日本にお見えくださって、これからは石油に頼らない経済に転換していこうということになったわけですが、さて、うまくいくのかどうか、というのが現状です。

馬渕　そうなんですね。ハッキリ言えば、なかなか難しいのだろうと思います。先生がおっしゃったように、何でもタダでサービスが受けられ、何もしなくてもゆったりした生活ができ、欲しいものは外国のものでも何でも簡単に手に入る生活から、突然自分で働いてお金を儲けろと言われても、そう簡単に人間というものは変われるものではないと思います。

日本もそういう国づくりに協力するということで、そのこと自体は別に悪いことではありません。

しかし、だからと言って、日本の企業がこれから積極的にサウジアラビアに投資するのかどうか、サウジアラビアに工場を建てるのかどうかとなると、それはやはり慎重に考えるはずです。

これはサウジの人が悪いということではありませんが、元々働いたことのない人に「働け」といったところで、働くということ自体が分からないわけです。そういう国で、たとえばトヨタとかが工場を建てて自動車を製造するといっても、すぐに方向転換できないでしょう。そもそも考え方の転換自体ができないのではないかと、私は本気で心配しているのです。

なぜ「コーラン」に聖書の登場人物が出てくるのか

加瀬　サウジの国王がお被りになられている「クーフィーヤ」という布がありますね。サウジアラビアをはじめ、アラビア半島一帯は太陽の光が大変強いんですよね。トルコ帽の「フェズ」も、インドネシアやマレーシアの人が被っている帽子もツバがありません。

なぜツバがないのかというと、イスラム教徒は1日5回、イスラムの一番神聖な土地であるメッカのほうに向いて、額を絨毯にこすり付けて祈らなければなりません。ですから、

イスラム教　基礎知識

◆神　………　アッラー（アラビア語で神のこと）
◆聖典　……　コーラン（聖クルアーン）
◆聖地　……　メッカ（マッカ）／メディナ
◆開祖　……　ムハンマド（モハメッド）

◆禁止事項…　偶像崇拝・飲酒・豚肉食・金利・同性愛・婚前交渉など

◆服装など
女性の服装……ヒジャブ・アバヤ・ブルカなど女性は顔と手以外を隠し、近親者以外には目立たないようにする

ツバの付いてる帽子ではお祈りができないのです。「イスラム」という言葉は、アッラー、要するに唯一にして無比の神に対する絶対的な服従を意味するわけです。ですから非常に厳しい信仰を求められます。

そもそもイスラム教は7世紀に、ムハンマドがサウジアラビアの洞窟にこもって、瞑想して祈っていると、そこに大天使ジブリールが現れてお告げをするわけです。「あなたは神の言葉を預かる人になる」と。よく「よげんしゃ」と言いますが、占いなどの「予言」とは違って、「言葉を預かる＝預言」と書きます。

ムハンマドは字の読み書きができません。ですから、「コーラン」は神から授かった言葉、つまり話し言葉で書かれています。日本でもコーランの翻訳が出ているので、ぜひ読んでいただきたい

ですね。やはり、これがイスラム教を理解する一番良い方法です。

ユダヤ教からキリスト教が分派として生まれて、それからイスラム教が生まれたので、これらは三部作の宗教のようなものです。イスラム教では、ユダヤ教、キリスト教の聖書に加えて、このコーランによって信仰が完成するということになります。

いわば、コーランはユダヤ教とキリスト教の聖書の続編ともいうべきものなのです。三部作であるだけに、三つの宗教は仲が悪い反面、やはり共通点も多い。

たとえばムハンマドが洞窟にこもって瞑想をしている際に、大天使ジブリールが現れると言いましたが、これはキリスト教ではガブリエルです。また、ユダヤ民族の一番のご先祖のアブラハムはイブラーヒームという言葉で出てきますし、モーゼはムーサー、ノアの箱舟はヌーフ。そして、悪魔であるサタンはシャイターンになるし、イエス・キリストはイーサーになるわけです。

なお、イスラム教はイエスが神であることは認めていません。ただし、預言者であることは認めています。他にもコーランにはユダヤ教、キリスト教の登場人物がたくさん出てきますが、全部アラビアの名前で出てくるんです。

世界中で求められるパレスチナ人

加瀬　イスラム教は砂漠で生まれましたから、キリスト教よりはるかに厳格です。キリスト教は、ちょうど日本に仏教が来たら神道と混交したように、ヨーロッパにそれまであった多神教と一緒になったので、食べ物の戒律などはなくしてしまいます。ところがイスラム教はユダヤ教と同じ戒律ですから、豚肉はいけない、ウロコやヒレがない魚介類はダメ、といったように非常に厳しい。お酒も飲んではいけません。

もう一つの特徴は、ひとたびイスラム教徒になったら信仰心を捨ててはいけない。サウジアラビアでは改宗すると死刑です。一方、アジアではインドネシアがイスラム教国ですが、南洋のイスラムというのは、それほど戒律が厳しくありません。ですから、女性の服装もかなり自由です。しかし、さほど厳しくないインドネシアやマレーシアのイスラム教でも、改宗はしてはいけないことなのです。

馬渕　私がイスラエルに勤務していた頃、今でいうパレスチナ自治政府も同時に担当していました。私の場合、イスラムとの接点はそこにあります。

パレスチナ人というのは非常に優秀な人たちで、お話のあったサウジアラビアでも実際に労働に従事している人の多くはパレスチナ人だと思います。事実、パレスチナ人はアラブ世界の様々な地域に散らばっていて、そこで重要な役割を担っているのです。

ですから、もしパレスチナが独立しますと、そういう人たちが帰ってきて国づくりにあたることになるので、おそらくアラブ世界の中で最も発展した国になる可能性があると思います。そのため、そうさせないためにアラブ諸国もパレスチナとイスラエルが永遠に紛争をやってくれることを望んでいる、などというちょっとひどいことが言われるくらい、パレスチナ人というのは有能なのです。

先ほど先生から、インドネシアなどは戒律が少し緩んでいるというお話がありましたが、私もその通りだと思います。ただ、私が経験した限りで一番緩んでいる地域は、トルコでした。今はまた戒律に厳しくなっていますが。

現在のエルドアン大統領が就任する前のトルコに仕事で行きましたが、まったくの世俗国家で、豚肉すら食べていましたからね。

第一次世界大戦後、イスラム圏で進んだ宗教離れ

加瀬　1918年に第一次世界大戦が終わるまで、オスマン帝国が、リビア、エジプト、

オスマン帝国最大版図（17世紀末頃）

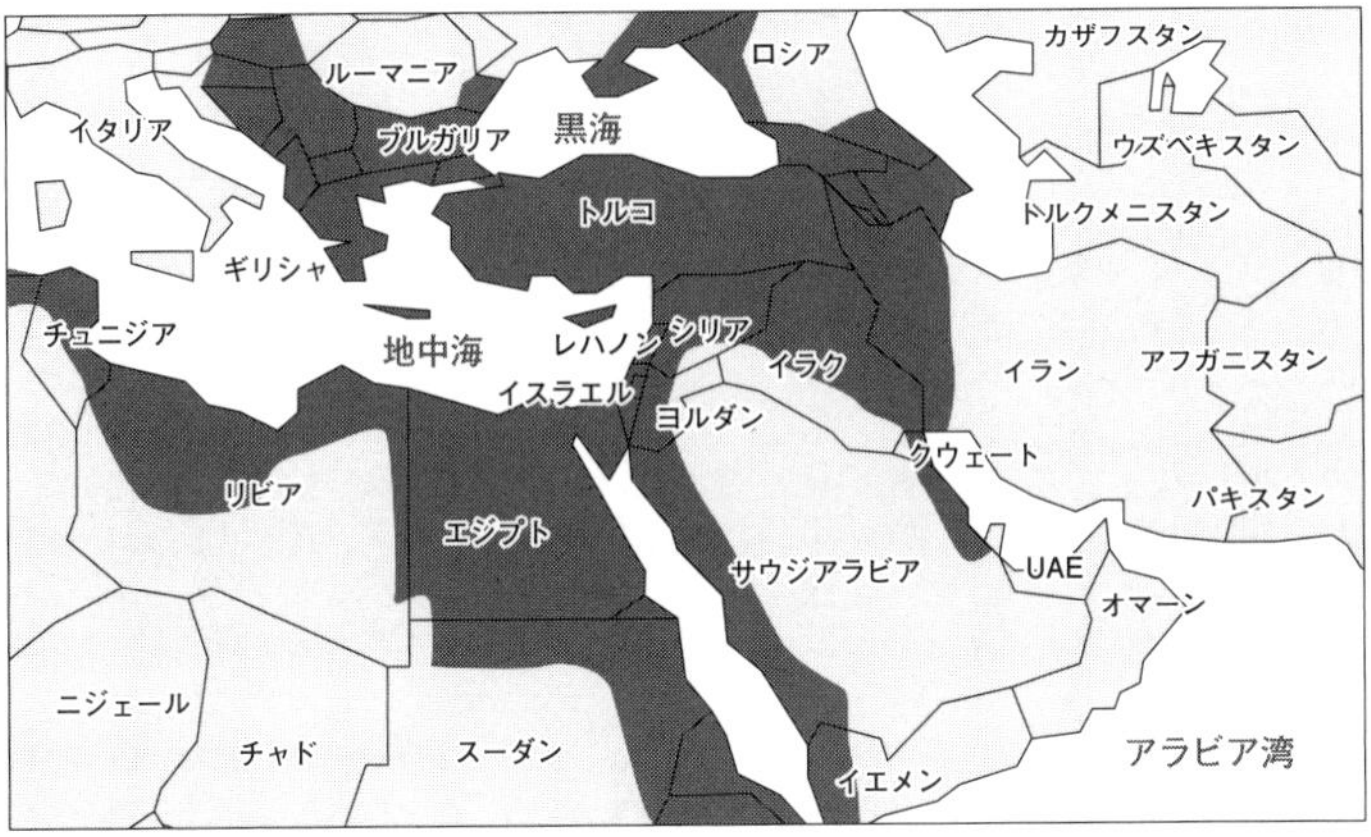

スーダンからサウジアラビアのアラビア半島、さらにはヨルダン、シリア、イラクまで支配していました。ところがオスマン帝国は、第一次世界大戦でドイツと同盟して戦ったため、敗戦国になってしまいます。

オスマン帝国は、トルコ以外の広大な領土をすべてヨーロッパに奪われてしまいました。どうしてこんなことになったのかという要因につきまして、イスラムが非常に封建的で、これが時代に遅れた原因だと考えられたのです。

そこで近代化を推進しようということになって、まず聖地メッカへの巡礼を禁じる。学校でコーランを教えることを禁じる。それから女性がすっぽりと布を被って顔を見せないといった風習も禁じる……。そうして、とにかく近代国家になろうとしたのです。

そして、トルコだけではなく、イランでも同じように王政が倒れ、やはり軍人が政権を取った結果、同じようにコーランを教えることを禁ずるなど、イスラム離れを進めました。イスラム風に全身すっぽり布を被った女性が歩いていると、警官や軍人がサーベルを抜いて着ているものを裂いてしまうということすら起こりました。

それからシリア、イラク、エジプトも、みんな一斉に「イスラムは古いものだから捨てよう」という形で近代化を進めていったのです。

石油ショックとアラブボイコットという過剰反応

加瀬　ところが1970年代に二度も石油ショックが起こります。それまで石油は水と同じくらい安かったのですが、それが急騰してしまったのです。日本では石油ショックの後、まず「トイレットペーパー騒動」というのがあって、トイレットペーパーがスーパーからなくなってしまいます。それから電気料が高くなるから、中小企業がバタバタと倒産する。とにかく大変な騒ぎになったのです。

その結果、グーンと原油価格が上がると、アメリカやヨーロッパ、日本などの先進諸国はとにかく石油が欲しいので、大統領や首相から大企業の会長、社長さんまで中東の産油諸国に行って、「石油を売ってください」と油乞いをしました。そうなると、イスラムの人たちは突然「ああ、やはりアッラーは偉大だ」ということになったのです。

馬渕　石油危機当時、ちょうど私も外務省の本省にいて、直接の担当ではありませんでしたが、隣の中東課が大変な状況になっていました。それで日本政府も、従来の対イスラエル・アラブの中立政策を、アラブ寄りにシフトしたんです。それが良かったのかどうかは、これから歴史の検証を待たなければなりませんが、あのときは官民上げて、アラブにお願いをする、〝油乞い外交〟になってしまいました。

加瀬　日本でイスラム、それからアラブ、中東への関心が高まるようになったのは石油ショックの後のことです。それまではまったく関心がなかったんですね。

私は日本とまったく違う文化について知りたいと思い勉強して、ユダヤ教、キリスト教、イスラム教に高校の頃から強い関心を持っていました。そして、比較宗教、比較神話の研究者の一人として、1979年に『イスラムの発想』（山本七平・加瀬英明著、祥伝社新書として2015年に『イスラムの読み方』に改題し刊行）という、山本七平先生との対談本を出したのです。

そんなこともあって、当時の三井物産と日商岩井から、中東の顧問を務めてほしいという依頼が同時にありました。そのため、よく中東には行っていたのですが、あの頃は「アラブボイコット（イスラエルやイスラエルと取引する企業等に対するアラブ諸国による経済制裁）」に対して皆さん恐怖心を抱いていましたね。

イスラム、イスラエル双方と商売をする巧みなアメリカ

馬渕　少し時代は下りますが、私は1991年にイスラエルに赴任します。当時は、アラブボイコットの影響が色濃く残っていましたね。イスラエルに進出していた日本の自動車ブランドは富士重工の「スバル」だけでした。アラブボイコットが怖いから、トヨタも日産もホンダも来なかったのです。だから「スバル」は、イスラエルでは乗用車の代名詞となりました。

加瀬　日本はアラブボイコットに恐怖心を抱いていましたが、ヒルトンホテルや今はなき航空会社のパン・アメリカンといったアメリカ企業は、平気でイスラム側ともイスラエル側とも商売をしていました。

当時の三井物産の担当者は寺島実郎さんで、私が寺島さんに「とにかくイスラエルへ行って実際に見てきたほうがいい」と言ったのです。というのも、アラブボイコットなんて実際はそんなに恐ろしくない。現にアメリカは平気で両にらみの商売をやっていたわけで

すから。

それで、日本の商社では寺島さんが初めてイスラエルへ乗り込んだのですが、僕はそのことでイスラエルから大変感謝されたものです。

もっとも石油ショックでイスラムが力を再び取り戻して、その結果1979年にはまずイランでホメイニ師によるイラン革命が起こりました。それまではパーレビ（パフラヴィー）王朝で、その当時のイランは本当に自由な国でした。ディスコもあったし酒も飲めたしと、イスラム国家という感じはまったくありません。

馬渕　そうですね。

加瀬　ところが、石油ショック後にイラン革命が起こって、イスラムの総領が支配する「イラン・イスラム共和国」になります。

他国でもどんどん、それまでのイスラム離れが逆行して、イスラムが再び力を持つようになり、今日に至るというわけです。

ところが、イスラム世界もキリスト教世界と同じように難しいのは、スンニ派とシーア派の仲が悪いということ。彼らは、激しい闘争を繰り広げているわけです。

イスラムの主流がスンニ派で、ケンカ別れしたのがシーア派。スンニの総本山がサウジアラビアで、シーア派の総本山がイランです。イラクはサダム・フセイン政権の下ではスンニ派がシーア派を抑えていましたが、今やシーア派の国になっています。

イスラムよりはるかに過激なキリスト教同士の抗争

加瀬 そもそもイスラム教というのは、まだ若い宗教なんですね。

馬渕 三大宗教のうちでは一番若いですね。第二章でも触れたように、ユダヤ教の宗教改革で生まれたようなものだったわけです。印象的なのは、最も優れた一神教徒であるユダヤ教のアブラハム――イスラムではイブラーヒーム――の昔に戻ろうというのがイスラム教だとコーランが説明していること。ですからユダヤ教の宗教改革であって、本来の一神教の精神に戻ろうというのが、イスラム教だということになります。そういう意味では、非常に真面目な宗教であると言えるでしょう。

加瀬 今、イスラム原理主義によるテロ、それからスンニ派とシーア派がお互いに殺し合っていることなどから、イスラム教は怖いと思われています。しかし先ほど申し上げたように、イスラム教というのはキリスト教より600年以上も遅れて7世紀に生まれた若い宗教です。では、今から600年前のキリスト教は一体どういう状況だったのか。当時はカトリックとプロテスタントが血で血を洗うような抗争をして、ヨーロッパを荒廃させていました。いまだにアイルランドでは、カトリックとプロテスタントとの抗争の火種が消えてはいません。

600年前のキリスト教は、今のイスラムと変わらないくらいというか、むしろそれよりもっと戦闘的でお互いに殺しあっていたのです。このことからも、イスラム教がとりわけ恐ろしい宗教というわけではないということが分かるでしょう。もちろん、多神教の私たちから見ると、どうしても一神教は寛容さがないゆえに、恐ろしいものに思えてしかたがありませんが……。

馬渕　一神教の定義とは、つまりはゴッドは一つしかないということ。そこでユダヤ教とキリスト教とイスラム教は対立するわけです。神様の名前でね。

サウジの女性の縁談スタイル

加瀬　イスラム教の中で一番戒律が厳しいのが、サウジアラビアのワッハーブ派です。ですから、今のサウジアラビアの女性たちは皆、全身が隠れるような服装をしなければならないのです。

サウジアラビアでは、外出時には必ずそうした服装を着用することが法律で義務付けられています。「宗教警察」という警察があり、常にパトロールしていて、ちょっとでも規則から外れている者がいたら、捕まえて鞭打ちの刑に処せられます。さらに、女性が外出するときには、必ず男の親族が一緒でなければいけないんです。

女性は外出すると、皆さん目だけを出すわけですね。そうなると若い女性が結婚するにあたって、一体どうやって相手の男性の顔を見られるのでしょうか。

サウジアラビアの住宅は高い塀が廻らされていますが、もちろん応接間には外部の客も入ることができます。そこで、縁談の前に青年が応接間に招き入れられる一方、娘さんも素顔を見せて入ってくるわけです。そして、正確な時間はわかりませんが、おそらく20分とか30分顔合わせをします。

その後、女性が、他の人が入ってはいけない居住区のほうに姿を消すと、男性に対して紅茶が出るのです。そこにお砂糖が入っていたら合格。お断りのときは塩が入っているといいます（笑）。

馬渕　ということは、女性が結婚のイニシアチブというか決定権を持っているということなんですか？

加瀬　女性というよりも向こうのファミリーですね。

馬渕　なるほど、ファミリーですか。

腐敗する王家と憤る国民

加瀬　そんなサウジアラビアですが、安定感があるようでいて政治的には案外、安定していません。サウジアラビアでは王族も禁酒をはじめとする様々な戒律を破ってはいけませんが、しかし、たとえばロンドンなどへ行っては、お酒は飲む、戒律は破るという王族が多いのもまた事実です。これに対して、非常に戒律の厳しいワッハーブ派を信奉しているサウジの国民や他国のイスラムの教徒たちは、サウジの王家はけしからんと思っているのです。

その現れとして、1979年には、最も神聖な場所であるべきメッカを反王制イスラム主義者に占領されてしまいました。当時、サウジアラビアには強い軍隊がなかったので、パキスタンの陸軍を雇い、フランスからも応援部隊を頼んでようやくメッカを解放できたのです。見せしめのため、捕まえた数百人は公開処刑に処せられました。

そもそも、「サウジアラビア」という言葉の意味は、サルマン国王の「サウド家によるアラビア」です。もちろん他にもたくさん部族がいますが、必ずしもみんな仲が良いわけではありません。ですから、サウジアラビアが一体いつまで安定を続けることができるだろうか、その点に疑問が残ります。頼みの綱である原油価格が落ちていますしね。

「イスラム国」に対する各国の温度差

加瀬　2017年5月、サウジアラビアのリヤドでアメリカとイスラム教スンニ派諸国を中心とする55カ国との首脳級会合「米アラブ・イスラム・サミット」が開かれ、次いでベルギーの首都ブリュッセルでNATO首脳会談が行われました。いずれもテーマは、イスラム国（IS）を叩き潰すこと。僕は「国境なき爆撃団」とあだ名を付けているのですが、とにかくイスラム国を散々上から叩いたわけですね。

ただ、ISを物理的に滅ぼすことができても、イデオロギーというものは、いくら上から爆弾を投げつけても滅びませんから、他に飛び火する可能性があります。現状では、リビアもめちゃくちゃな状況ですし……。

馬渕　ただ、ISに絞っていえば、表向きはカリフ国家を作るなんて言っているにもかかわらず、なぜテロであれだけの一般人を殺しているのでしょうか。戦闘の際に相手の戦闘員を殺すというのは百歩譲って分かるとしても、カリフ国家を作ると主張している集団が、無辜《むこ》の人まで殺してしまうのは理解できません。

それからもう一つは、きわめて政治的な話となりますが、一応ＩＳというのは人類の敵のような扱いを受けました。それなら、常識的に考えれば、ＩＳが出てきた段階で、もっと国際社会が団結できなかったのかと思うわけです。

しかし、私の見る限りでは、どうもアメリカの態度が一番はっきりしませんでした。アメリカは空爆を行ってはいたものの、真剣にやってはいなかったのではないか、と思うんですね。

加瀬　ＩＳは、オバマ政権が作ったという見方もあるくらいですから。

馬渕　そうですね。

加瀬　敵対するシリアのアサド政権を倒すために、ＩＳを利用していたとも言われています。ちなみに、ＩＳ以前の敵はアルカイダでしたね。アルカイダもまだ残っているし、仮にＩＳを今のイラクやシリアから完全に追っ払うことができたとしても、また違う名前で出てくるでしょうね。イスラム過激主義というのは、なくならないでしょうから。

サウジと似ている国がたった一つあった！

加瀬　僕はワシントンに行くたびに、政権にいる人たちも含めて、国際政治や安全保障に携わっている友人たちに、賭けをしようと言っています。「アラビア半島の小さな産油国も含めたサウジアラビアと中国と、どちらが先に崩壊するだろう？」とね。

今、中国も体制が揺らいでいますから、中国のほうが先に崩壊するという意見が出るかと思っていたら、みんなサウジアラビアって言うわけです。これでは賭けは成り立ちません。僕もサウジだと思っていますから。

サウジアラビアと中国は、ものすごくよく似ているんです。サウジアラビアは、だいたい1200人くらいのプリンス、国王といった王族が支配している。彼らは、大変なお金持ちであるわけです。

その一方で言論の自由、表現の自由、集会の自由といった民主的な自由はまったくない。それこそ警察力で抑えつけているわけですね。これまで安定を保ってきたのは、原油価格が非常に高かったから右肩上がりの経済で、治安を維持できたわけです。

中国はどうかというと、人口はまったく違いますけども、習近平主席の一族をはじめ、経済的にだいたい300ファミリーが支配しているといわれています。ですから、僕は「中華人民共和国」と言うよりも、「習一族たちの中国」という名前のほうが分かりやすいと思うんですよ。

しかも、言論の自由も何もありませんし……。ただし、右肩上がりの経済のため、今まで国民は政権に対して立ち上がりませんでした。これだけ見ても、サウジと中国が非常によく似ていることが分かります。

もう一つ大きく似ているところは、いずれも先進諸国が育てたということです。先ほども触れたように、原油価格が急騰すると日本をはじめアメリカ、ヨーロッパのいわゆる先進諸国のお偉方が中東に殺到し、「油を売ってください」と言って土下座をしてきました。そうすると「イスラムは偉大なり」ということで、中東のイスラム圏が大きな力を持つようになって、また混乱をする。

中国だって、鄧小平さんが改革開放経済に乗り出した際に、日本やヨーロッパ、アメリカの企業が欲に釣られて投資をしなければ、サウジアラビアがナツメヤシとラクダと広い砂漠だけの国だったのと同じように、貧しい人民服を着た人々と揚子江と黄河があるだけの国だったはずです。

現在、中国の脅威といわれるものに特に日本が震えていますが、あれは我々の飽くなき欲望が作り出した脅威というか妖怪なのです。イスラムの脅威も、先進諸国の欲ボケが作り出したものです。こういった物質欲というのは誠に恐ろしい。我々は今、その〝祟り〟を受けているのではないでしょうか。

馬渕　先生がおっしゃった、中国とサウジが似ているというのは、非常に斬新な見方ですね。多くの人はビックリするでしょうが、まったく同感です。

ここで先生が挙げられた事実と、もう一つ皮肉な共通点があります。それは、アメリカが人権問題を追求しない国なのです、中国もサウジも。

理由はきわめて単純で、アメリカもサウジの石油が欲しいし、中国の富も欲しい。要するに、金儲けができるから、そういう国の人権問題には口を出さないということですね。

加瀬　人権状況が悪いのは、北朝鮮は別枠として、やはり中国とサウジアラビア。他の国もいくつかありますけど、世界トップクラスと言えるでしょう。

サダト大統領暗殺を教訓とした中国

馬渕　アラブが力を付けたというか、彼らのプライドをくすぐったということですが、その大きなきっかけの一つが、石油ショックをもたらした第四次中東戦争（１９７３年）ですね。主として戦ったのはエジプトとイスラエルですが、エジプトが決定的に〝勝ち〟はしませんでしたが、〝負け〟もしませんでした。それが、石油価格が上がったことと同時に、アラブとしてのプライドが高まったことの背景にあるのではないでしょうか。
ナセル大統領（在任１９５６～１９７０）の時代のエジプトは、アラブの盟主などと言われてはいたものの、毎回イスラエルに負けていたわけです。
ところが次のサダト大統領（在任１９７０〜１９８１）は、ナセルほどの華やかさはないものの、イスラエルと互角に戦いました。その自信に裏打ちされて、その後、彼はイスラエルとの平和条約を結ぶことになるわけです。それはやはり、エジプトが力を付けたからこそできたのだろうと思いますね。

加瀬　サダト大統領は、部隊の観閲式のときに、行進してきたイスラム過激派の将校たちに機関銃を撃たれて暗殺されました。それを教訓に、歴代の中国のトップは天安門広場での軍事パレードの際、参加する部隊の鉄砲に弾を込めさせないんですね。

変わらない日本のエネルギーの中東依存症

加瀬　その一方で、我々の電気、エネルギーのほとんど１００％近くを中東に依存しているわけですね。次ページの図を見れば分かる通り、サウジアラビアの占める割合は大変なものです。42％ぐらいという。アラブ首長国連邦、それからクウェート、カタール、イラン、ペルシャ湾岸諸国を足すと80％以上にまで達していますね。
アラビア半島にイスラム過激派の黒い旗が立つことになると、今、日本は原発も止めて

日本の原油輸入量（2017年1月経済産業省）

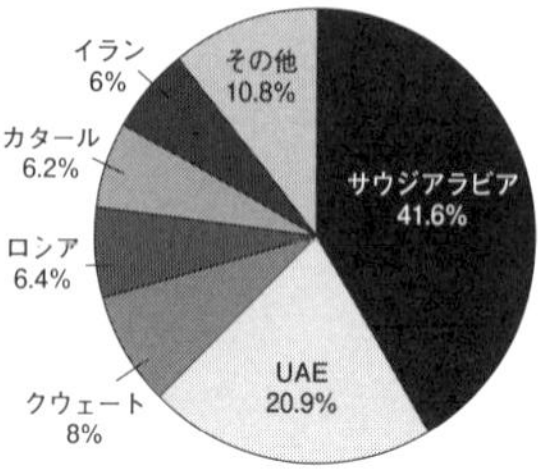

①サウジアラビア（710万kl 41.6%）
②アラブ首長国連邦（357万kl 20.9%）
③クウェート（136万kl 8%）
④ロシア（110万kl 6.4%）
⑤カタール（105万kl 6.2%）
⑥イラン（103万kl 6%）
※その他（185万kl 10.8%）
イラク（3%）、メキシコ（1.5%）、
アメリカ（1%）、インドネシア（1%）
ベネズエラ、エクアドル、ベトナム、カザフスタンほか

中東依存度は86.1%

ますから、電気が消えてしまう。そうなると、「蛍の光、窓の雪」で勉強しなきゃいけない。

ちなみに、『螢雪時代』という雑誌がありますが、ご存じですか。僕はてっきり廃刊になったとばかり思っていたのですが、出版元の旺文社に電話をしたところ、「いえ、まだ出しております」って言って、送ってくれたんです。

日本の中東への過度なエネルギー源依存をやめれば、電気が一斉に消えます。そうなったら、「蛍の光、窓の雪」で夜を過ごさなければならなくなりますから、かえって国民精神が鍛えられて良いのではないでしょうか。もちろん冗談ですが(笑)。

自らの文化を守るお手本

加瀬　それにしても、現在のグローバリズムは、いろいろな意味で壊れつつありますね。トランプ政権が生まれたのも、ナショナリズムが復活しつつあるのも、やはりグローバリズムが行き詰ったからだと思うんですよね。

馬渕　そういうことでしょう。

加瀬　グローバリズムとは、「全世界をアメリカの支配下に置く」という意味だと僕は思っています。ですから僕も〝反グローバリスト〟なのですが、イスラムも反グローバリズムですよね。

馬渕　その通りですね。まさにグローバリズムとは、「全世界をアメリカが支配する」ことだと思います。

もう少しアメリカに厳しく言えば、「アメリカのビジネスのルールで世界の市場を全部統一して、自分たちがその上に君臨する」ということでしょう。ビジネスを行う場合、こういう服装じゃ困るといった、細かいことまで絡んできますから。

そうなってくると、それにそぐわない経済思想や民族文化を持っている伝統的な国には都合が悪い。そのため、アラブの国やイスラム教徒などはグローバリズムに反発するわけですが、アメリカからすれば、それはとんでもないということになるわけです。

しかし、イスラム教国なりイスラム教徒の人が、いわゆるグローバリズムに対して警戒、反対するというのは、ごく自然のことですよ。日本人も、もっと反対しなければいけないと私は思っているのです。

日本人はなぜかグローバリズムに対する信仰が強くて、保守を自任する人までが「グローバリズムは良いことだ」「世界が近付いたほうが便利じゃないか」「一体化するのは素晴らしいことだ」などと言っているわけです。「それはどうなんだろう」と思いますが……。

一方、イスラムの人たちというのは、先生が指摘されたような厳しい戒律などがあるけれども、自分たちの文化に対するプライドという面では、我々日本人も一目置くべきだという気がします。

国民的課題と化した反グローバリズム

加瀬　今年2017年から来年2018年にかけて、明治元（1868）年から150年目にあたります。では、どうして私たちの先人は明治維新を行うことができたのか。

僕は三つの理由があったと思います。一つは日本の政治的な独立を守る。とにかく西洋の列強が日本を植民地化しかねなかったわけです。もう一つは経済的な独立を守る。三つ目は文化的な独立を守るということです。

この中で一番大切なのは、実は文化的な独立なわけですね。ところが今一番危ぶまれているものこそ文化的な独立なのです。さらに、次いで経済的な独立、そして政治的な独立は、これは様々な状況を鑑みながら、いろいろな国と同盟を組んだりしなければなりません。ただ、とにかく一番大切なのは、文化的な独立を守ることだと思います。その意味で、大使も私も、反グローバリズムの戦いを進めようとしているわけです。

馬渕　これは本当にこれからの日本の、国民を挙げての課題になると思います。はっきり言えば、経団連はグローバリストです。グローバリズムを信仰していますから。経団連のビジネスのやり方で残念なのは、日本の文化というものに対する配慮がまったくないところ。だから私は、経団連の主導のもとで経済成長は絶対できないし、国際的な競争にも勝てないと思っています。文化を無視している限り、勝利はありません。

加瀬　第一、日本のこれまでの経済的な活力というのはどこから来たのでしょうか。もちろんアラビア半島から輸入されてきた石油も大切ですけども、なんと言っても〝日本人らしさ〟から生まれているのです。

馬渕　だからそれが、先生が先ほど指摘された文化なんですよ。文化がすべての基礎にあって、その上に政治があり、経済があるわけです。ところが、我々の戦後教育というのは経済ばかりで、文化の重要性というものがまったく捨象されてきた、あるいは無視されてきたとしか言いようがありません。

日本人が自分たちの文化の強さに目覚めれば、これは世界、言い換えるならかつての戦勝国にとって、非常に脅威となります。また日本があんな強烈な文化国家として、経済的にも政治的にも、さらには軍事的にも蘇る危険があると。だから文化に対する日本人の関心を弱めるということを、言い方は悪いですが意図的にやってきたのです。これは、彼らの戦略だったと私は思っています。

加瀬　日本は資源のない国と言われていますが、それは間違いです。世界一の資源を持っています。それは何かと言えば、日本の文化であり日本人らしさだと思います。

馬渕　結局、サウジのことを考えると日本のことも考えざるを得ないことになりますね。サウジにはイスラム教という文化がありますが、それをどのように実際の国づくりにトランスフォームと言いますか、エネルギーを注いでいくかということに関しては、今は両者は結びついてはいません。

日本の場合は自国の伝統文化と、欧米近代化と言われる「文明開化」を結びつけることができたのです。この知恵がサウジにもなければ、イスラム教国がいわゆる欧米的な経済発展を遂げるということは、なかなか難しいでしょう。

元気のいいイスラム教、弱まるキリスト教

加瀬　ただし、中東諸国と一口に言っても、地図を見て分かるように様々なんですね。結局、異なった文化の国と付き合うときには、まず自らの文化を尊んだ上で、相手の文化も大切にしなければなりません。

だから、イスラムについて日本人が悪いイメージを持っているのは、一つはキリスト教の影響だといえるのです。ヨーロッパのキリスト教社会はイスラム世界とずっと対立してきました。イスラム教が一番力を持っていたときは、今のスペイン・ポルトガルまでイスラム教の勢力圏だったわけです。また今のギリシャからバルカン半島にかけても、ずっとイスラム圏で、その版図はドイツの一部からオーストリアのウィーンの城門まで広がっていました。だから十字軍というのは、恐怖にとらわれたヨーロッパのキリスト教徒による必死の反撃だったのです。このように、お互いずっとやり合ってきました。

イスラムのイメージが悪いのは、我々が西洋諸国にすっかり洗脳されて、明治の開国以来、エセ西洋人になってしまったことにあると思います。キリスト教ヨーロッパ、あるいはキリスト教アメリカの歪んだレンズから外を見るようになってしまったので、イスラム

というのは〝バケモノ〟みたいに映るというところがあるのでしょう。

イスラム教がある意味元気が良すぎる一方、キリスト教はアメリカではまだまだ強いものの、ヨーロッパでは人々が関心を示さなくなってきています。

今のローマ法王フランシスコは、神父さんのなり手がいないから、妻帯者も神父にすることを検討するっておっしゃっています。また、ヨーロッパに行くと、ノートルダム大寺院などがそうであるように、あのような大伽藍もみんな観光施設にすぎず、礼拝の場では決してありません。

イスラム教徒がだんだんと増えているので、そのうちノートルダム大寺院もイスラムのモスクになるんじゃないかとか、ロンドンの名前も変わって「ロンドニスタン」になるとか、あるいはドイツのハンブルクも「ハンブルギスタン」になるなどと言われています。

つまり、それくらいイスラムの人口が増えているということなのです。

日本でもムスリムを見かけるようになりましたが、一つはマレーシアとかインドネシアの人、観光客が多いですからね。

ユニクロが2015年くらいからムスリムファッションを展開しているそうですが、どうなんでしょう。イスラムの国でも緩やかな戒律の国向けでしょうが……。

馬渕　2020年にはムスリムの方々が19億人になります、そうすると世界の人口の4人

世界のイスラム教人口　（総人口73億人）

イスラム教	**16億人**	**（22%）**
-キリスト教	24億人	（33%）
-ヒンズー教	10億人	（14%）
-仏教	4億人	（6%）

2100年には
イスラム教人口（35%）は
キリスト教人口（33.8%）を
超えると予測される

国別イスラム教人口　→上位はアジア

1位	インドネシア	2.1億人
2位	パキスタン	1.8億人
3位	インド	1.7億人
4位	バングラデシュ	1.3億人
	（日本　12万人）	

参照：〈2012年 List of religious populations/wikipedia〉/〈2012年 Pew Forum 調べ〉

に1人はムスリムだから、すごい経済市場だと。

となると、「また経済市場の話か」と思われるかもしれませんが、これはヨーロッパにいる一部のイスラム教徒をターゲットにした話でしょう。

というのはね、イスラム教ではなくヒンドゥー教を例に挙げますと、いまだにインドの伝統服であるサリーを着ています。近代化したとしても、服装については割と保守的、伝統的なのです。

おそらく、イスラムもそうでしょう。なかなかそう簡単にファッションは変わらないと思います。

すべての基礎は文化にあり

加瀬　ファッションの話が出たので少し脱線しますが、世界の女性の衣服の中で、日本の女性の着物ぐらい絢爛豪華なものはありません。

花嫁衣裳などは中国の歴代皇帝のお后や女官が着ていた服よりもはるかに絢爛豪華ですし、マリー・アントワネットが嫁入りで着た服よりもはるかに豪華です。

僕は小学生のときから母親に帯を締めることを手伝わされたこともあり、着物の着付けの免許を持っています。日本の場合、着ている着物が美しいだけではまったくさまになりません。だから、着付けが必要なのです。世界の女性の衣服の中で、着付けが問題になるのは我が国の着物だけです。

さらに、着付けがどんなに良くても、着た人の立ち居振る舞いが美しくなければダメなんです。つまり、見た目ではなく精神の問題でもあるわけです。

このように、日本ではあらゆるものにおいて精神が大事なんですね。世界の中で一番の「心の国」が日本であって、その心を我々は大切にしなければ、この国は発展することはなく、おそらく解体していくのかもしれません。

馬渕　その危険性はあると思います。だからこそ逆の発想で、世界のためにも日本はここで踏ん張らないといけないところだと、喚起したいところです。

心を大切にする日本がダメになれば、世界はもっとダメになる……。これは決して大げさではなくて、日本がこれからどこまで踏ん張れるかが、世界にとっても良い影響を与えるというふうに思えてなりません。

加瀬　折しも明治維新150年目を迎えますが、実はあれ以来、毎年日本は劣化してきていると思うんです。だから150年目に、再び我々日本人が日本らしさを取り戻して、これから我が国を上昇気流に乗せていきたいですね。

馬渕　すべての基礎は文化にあるということです。その上に立って日本の今後、行く末を自分の問題として考えなければならないんだろうという気がします。

加瀬　我々は年齢からして、どんなに頑張ってもそんなに長くはありません。しかし、このまま日本がどんどん力を衰えさせて、日本らしさを失うということになると、この本を読んでいる若い人たちが気の毒です。日本がだんだん消滅していくことになるわけですからね。

馬渕　逆に言いますと、先生も私も、それなりの年でなぜ頑張っているかというと、自分のためではないんですね。その後に続く若い人たちのために、少しでも良い日本を残したいという思いなんです、ひとえに。

第五章

明治維新１５０年目の岐路に立つ日本

明治維新とは何だったのか

加瀬　前の章でも触れましたが、150年目の節目を迎える明治維新とは何だったのか。これを考えることが明日の日本を考える大きなヒントになると思います。

そもそも明治維新は、「御一新《ごいっしん》」と呼ばれました。繰り返しになりますが、僕は基本的には明治維新などなかったほうが良かったと思う派です。これは西洋の、言ってみれば泥棒国家群が日本に押し寄せてきたので、日本の独立を守るためにどうしてもやらざるを得なかった出来事にすぎません。

2016年に伊勢志摩で行われた先進7カ国サミット、通称G7。あれが初めて日本で行われたのは1979年、大平正芳内閣時代で、外務大臣は園田直《そのだすなお》さんでした。僕は園田外相の顧問をやっていて、赤坂の迎賓館で大平総理が真ん中に座り、他の首脳が並んで記念撮影するのを脇から見ていました。そのとき「ああ、日本というのは偉い国だ。有色人種の中で日本だけが、先進7カ国の仲間入りをしている」と思ったと同時に、ハッと思わされたことがあるんです。

前章でも述べたように、明治維新は日本の政治的な独立を守るため、次いで経済的な独立を守るため、そして三つ目の目的が文化的な独立を守るために行わざるを得なかったわけです。

ところが、結局のところ、日本だけが先進国の仲間入りをできたのは、物真似がうまかったからにすぎないのではと思ったのです。それで突然、みじめな気分になったことを覚えています。

明治維新により、いわゆる「文明開化」を迎えたとされていますが、実はそれ以前の日本の文明・文化というのも、とても素晴らしいものだったのです。島崎藤村の『夜明け前』という有名な小説で、明治以前の時代は暗くて、明治以降は明るい時代になったと描かれていますが、実はそうではありません。

ところが「文明開化」という名称からも、いかにも日本史上初めて明るい世の中がやってきたとでもいうような、おかしなイメージが定着してしまったのです。

そこでここでは、明治維新というのは一体何だったのか、そして150年間、我々は何をやってきたのか、ということを考えたいと思います。

馬渕　私が思いましたのは、まだ150年しか経っていないのかということです。確かに先生が独特の皮肉を込めておっしゃったように、猿真似が上手いということは確かにそうでしょう。しかしながら、日本は表向きは文明開化といって西洋に従ったようなふりをして、実は従っていなかったというのが私の印象です。

しかも、よく言われているように、明治維新というのは別に革命でも何でもなく、あくまで「復古」なのです。明治維新というのは、表向き文明開化をやりながら、しかし実態は復古したという、日本人の知恵の表れだという印象が強くあります。

もう150年も経ったのか、あるいはまだ150年しか経っていないのかという、両方の考え方があると思いますが、いずれにせよ我々の先達は偉かったんだな、という思いがありますね。

その一方で、今、日本全体を覆っている何とはなしの雰囲気が、どうも明治維新の頃と重なっているような気がしてなりません。人々が、どこかへ流されていってしまっているような……。

今や明治維新のことも、否、戦前のことですら学校でほとんど習わなくなりました。ですが、そういう状況にある我々が今の世に感じていることと、明治の人たちが感じたこととは、どこか似ているんじゃないかと思うんですね。

失われた日本の伝統を取り戻す

加瀬　大使はね、男性のベストドレッサーですよ。きちっと背広でネクタイを締められているのはとてもお似合いです。我々が今、背広を着てネクタイを結んで洋靴を履いているのは、あくまでも手段だったはずなのです。ところが西洋を真似ているうちに、手段が目的になってしまった……。本当の日本がどんどん、どんどん失われてきていますね。

馬渕　それは鋭いご指摘です。

話がどんどん飛ぶようですけど、我々はこれがきちっとした正装だと思い込んでいるし、周りもそうしているわけです。クールビズは別としても、ネクタイをしていかないと失礼にあたるということになっているわけです。

しかし、私は大使をしていた時代――キューバとウクライナでしたが――、天皇誕生日のレセプションのときに、意を決して羽織袴で登場したのです。

そうすると、もうそれだけで日本、日本人の説明になったのです。後は何にも言わなくてもいい。立ってるだけで、これが日本だと。

周りの人も、必ず「これは何だ」と聞いてくれました。そこで、「これは日本の伝統である着物なんだ」と説明すれば、それだけでパーティーは成功だったと思ったくらいです。我々には伝統の正装があるのだから、大きなレセプションの際には、すべからく大使たる者、羽織袴でやるべきなんだと思わされました。

日本が近代化できた本当の理由

加瀬　せっかく明治維新から150年という節目なので、皆さんとご一緒に考えてみたいのは、どうして日本のお隣の中国は、あれだけ古い文化文明を持っていたにもかかわらず、19世紀に西洋の列強が圧倒的な武力でアジアに押し寄せてきた際、近代化がまったくできなかったのか、ということです。

逆に、どうして日本はできたのかを考えてみると、これは、日本の確固たる力が昔からあったということなんですね。

日本には神話の時代から、海原の遠く向こうに「常世《とこよ》の国」というのがあって、そこから幸がもたらされるという信仰を守ってきました。たとえば恵比寿様という神様がいます。恵比寿様はどこか遠い海の向こうからやってこられたわけです。だから漂着してきた神様「漂着神《ひょうちゃくしん》」だとか、お客様の神様の「客神《まろうどがみ》」とか呼ばれます。そうした外から来たものを、日本人は喜んで受け入れてきました。

これで分かるように、日本は〝海の文化〟なんです。その一方で中国は、〝陸の文化〟です。海に背中を向けながら、自分たちは世界の中心だと考え、異なる文化をバカにしてきたわけです。だから中国の理想の国というと、仙人が住んでいる山の中なのですね。げんに「仙」という字は、人偏に山と書きます。だから、海の向こうから幸が来て、いくらでも我々は学ぶべきであるという考えと、自分たちは絶対に正しいと思って海に背を向けている文化の違いが、近代化の出来、不出来につながったんですね。

フランス人が見抜いた明治維新の源流

馬渕　先生が非常に的確に説明されたように、なかなか普通の日本人というのは、明治維新史観にどっぷりと浸かっていて、それを当然のごとく思っているから、逆に気付けないわけですね。

ところが外国から見ると、日本人がどのようにして明治維新を乗り越えてきたかというのは、とても大きな関心事です。日本が植民地化されなかったのはどうしてだろうかと、多くの人が考えたわけですね。

その中の一人に、ポール・クローデルという人がいます。フランスの外交官で詩人でもあり、駐日大使も務められました。彼の次の文章が、私は物凄く好きなのです。

「私がどうしても滅びてほしくない一つの民族があります。それは日本人です。あれほど古い文明をそのままに今に伝えている民族は他にありません。日本の近代における発展、それは大変目覚しいけれども、私にとっては不思議ではありません。日本は太古から文明を積み重ねてきたからこそ、明治になって急に欧米の文化を輸入しても発展したのです。どの民族もこれだけの急な発展をするだけの資格はありません。しかし、日本にはその資格があるのです。古くから文明を積み上げてきたからこそ資格があるのです。彼らは貧しい。しかし、高貴である」（１９４３年秋　パリにて）

これが発表されたのは１９４３年。つまり第二次世界大戦で、日本の敗色が明らかになりつつあった頃に、日本を弁護してくれたのです。

後半も良い言葉が並んでいますが、やはりこの前半に、彼らが見た明治維新の秘訣というか、日本人がそれを乗り切った秘訣が書いてあります。つまり、「太古から文明を積み重ねてきたからこそ急激に欧米化しても日本は発展することができた」と。

私は「これだな」と思うのですね。我々の祖先は当然のことのように行ってきたのだと思います。ところが西洋の人々から見れば、先生もおっしゃったように、日本だけが有色人種でなぜ植民地化されなかったのか。それが非常に大きな疑問、問題だったのです。しかし、このポール・クローデルというフランスの駐日大使は的確に見抜いていた。

つまり日本が太古の昔から──縄文時代、あるいはその前から──文明を積み重ねてきたのだと。だからこそ異なる文明が流入してきても、結局、それと共存することができたということだと思います。異なる文明に飲み込まれなかった秘訣がそこにある、ということですね。それが、日本が発展できた、明治維新を乗り越えることができたカギだと、フランス人が言ってくれているわけです。

我々は何となく感覚的にはそう思っているけれども、外から見てもやはり、そういうふうに映っているということ。これは我々も、明治維新１５０年の今日、もう一度嚙み締めたほうが良い言葉だと感じたわけです。

加瀬　そうですね。

馬渕　また、最後の一文ですね。

「日本人は貧しい。しかし、高貴である」

残念ながら現在の日本においてどれだけ日本人の高貴さが残っているのかというのは大いに疑問です。ところが、敗戦直後ぐらいまでは、日本人はまだ、そういう高貴な精神を残していたと思います。

私がよく例に挙げるのでご存じの方も多いかもしれませんが、ガード下の靴磨きの少年の話があります。

お腹がペコペコだった少年に、ジョージ・アリヨシさんという進駐軍の日系兵士がパンをあげたのですが、少年はそれを食べない。「どうしたの?」と聞くと、「家ではお腹を空かした妹が待っているから、このパンを持って帰ってあげるんだ」と答えたという、有名なお話です。まさにこれが、ポール・クローデルが見抜いた、日本人は貧しいけれども高貴だという精神の発露なのです。

しかし、今は残念ながら、どうでしょうか。日本は豊かにはなりましたが、精神は卑劣になってしまったのではないかという点について、私は、我々一人一人が反省すべき問題であろうと思います。

しかし逆に言えば、この少年の例が示すように、どんなに厳しい状況にあっても、なお他人のことを思いやることができる。先ほども先生と議論しましたが、日本人はそういう気持ちがあったわけです。自分のことではなくて、他人のことを優先して考えられる、そういう心が日本人には根付いていました。ところが豊かになったがゆえに、かえって他人のことを考えられなくなったのかもしれません。

私がウクライナにいた時代に、ウクライナの学校で高校2年生が日本文学を勉強していました。それで授業参観に行ったところ、そのとき、川端康成の『千羽鶴』という小説を勉強していました。「難しい小説を勉強しているな」と思いましたが、その後に生徒たちが、その授業の感想文を送ってくれたのです。

その中の一人の女生徒の感想文がいまだに忘れられません。第一章で加瀬先生は、「天皇は天と地の間をつなぐ役割を果たしてくださっている」とおっしゃいましたが、実は彼女も「日本の昔からの伝統や習慣は、天と地を結ぶ階段の昇り方を教えてくれている」と指摘していました。

さらに、その文で「日本の伝統的な文化というものは、全世界を平和に導く、そういう文化なんだ」と強調していたのです。そして、そういう素晴らしい「全世界を平和に導く」ような日本の昔からの習慣、伝統を、日本の方々が守り続けていることを期待しています、という形で結ばれていました。

ですから、彼女が日本に来た際、今の私たちを見たら、さぞ落胆するんじゃないかと心配せざるを得ません。しかし私は、この本を読んでくださっている方々は、このエピソードから何かを摑んでいただけたのではないかと思います。

その結果、我々が何千年もの昔から引き継いでいる魂、心というものが廃れずに残っていく……。高貴な心が引き継がれていくと、私は強く信じています。

八紘一宇につながるトランプの思想

加瀬 日本の持っている大きな力というものは、長い歴史の中で人種差別をしたことがないというところにも表れています。それから奴隷がいたこともありませんし、大量殺戮をしたこともありません。
初代天皇の神武天皇が即位されたとき、「八紘一宇《はっこういちう》」という言葉が詔の中に出てきました。八紘一宇とは、「それぞれの世界の人々が自分の生き方を守って、世界という屋根の下で幸せに暮らしましょう」という意味です。
馬渕 先生がまさに非常に的確におっしゃっていましたが、八紘一宇の意味は、「みんなが一緒になる」ということではなく、「それぞれの国がそれぞれの独自性を発揮して、全体として調和が取れる」という発想なのです。

ちょっと極論かもしれませんが、トランプ大統領は本当はこういったことを言いたいのではないかな、と私は思うんですよ。すなわち「こちらはアメリカファーストですが、あなたがたも自国ファーストでやりなさい」と。

ジャパンファースト、アメリカファーストそれぞれを進めつつ、世界の調和をとっていこうというのが、彼の思想、哲学なのではないでしょうか。

現実はそう簡単ではありませんが、これからもし日本の生き方が世界に参考になるとすれば、まさに今後、世界は八紘一宇でやっていかなければならない、ということになると思います。

つまりグローバリズムは行き詰って、これからいよいよ八紘一宇の世界になっていくということなのかなと感じています。

加瀬　日本は八百万《やおよろず》の神々の国ですから、神様はそれぞれお違いになられます。八紘一宇を詩に詠んだ人は多くいますが、たとえば金子みすゞの「それぞれが違うことこそが素晴らしい」という「みんなちがって、みんないい」という詩は、まさに八紘一宇を謳《うた》っているものだと僕は思うんですね。

ですから、ちょっと前に話題になった森友学園の理事長だった人が、「シナ・中国人、朝鮮人は出て行け」と子供に叫ばせていたというようなことは、本来あり得ないのです。

アメリカでも黒人と白人が対等な権利を持つようになったのは、第二次世界大戦後のこと。つまり、日本がこの前の戦争を戦ったから、人種平等の世界が長い人類の歴史の果てに生まれつつあるといえるわけですね。日本はあらゆるものを取り入れて、融合する力を持っているということなのです。

十七条の憲法、大化の改新から明治維新へ

加瀬　明治維新よりはるか昔の7世紀に、日本は明治維新と大変よく似たことを行っています。それが、西暦646年の大化の改新です。

大陸で唐と朝鮮半島の新羅の力が大きくなって、日本はちょうど幕末と同じように、海外から大きな脅威が迫っているという危機感に駆られます。そこで、天皇を中心とした中央集権国家に生まれ変わらなければならないとなり、唐の制度の真似をして、大化の改新を行ったのです。

それまでの日本は、豪族が日本を分割して、それぞれ自分の土地を治めていました。それを中央集権にして、天皇が権力の一番上に立つような制度に変革したのです。

ところが当時、孝徳天皇は詔において、

「独り制《おさ》むるべからず
臣の翼《たす》けを待つべし」
と、おっしゃっているんですね。

つまり、制度上はともかく、天皇が実質的に権力を握ることはなかったわけです。日本の天皇は世界の中でも珍しく、覇権を握る支配者ではなかったのですね。

また、大化の改新より前の西暦６０４年には、聖徳太子により「十七条《じゅうしちじょう》の憲法」が公布されています。

第一条が有名な「和を以《も》って貴《とうと》しと為《な》す」。第十条に「それぞれの人にはそれぞれの思いがあります。自分一人が優秀だと思ってはいけません」とあって、最後の第十七条では「大切なことは、皆でよく相談して決めなさい。皆が合意して決めたことは正しい」としたのです。

大化の改新のときの「独り制むるべからず、臣の翼けを待つべし」も、さらには明治天皇の五箇条の御誓文も、まったく同じことを言っている。すなわち、天皇も含め「すべてが平等である」という考え方です。

元々神道も、全部神様が横並びです。これがたとえば朝鮮半島の神話だと、檀君《タングン》という男性の独裁神が一番偉くなります。また、中国の天帝も男性の独裁神です。

十七条の憲法（604年）

※現代語訳要旨

第一条	和を貴び、人にさからいそむくことのないように心がけよ。
第二条	篤《あつ》く三宝《さんぽう》を敬え。三宝とは、仏と、法（仏の教え）と、僧（教えを説く僧侶）である。
第三条	天皇の詔《みことのり》を受けたら、必ず謹《つつし》んでこれに従え。
第四条	役人は、人の守るべき道をすべての根本とせよ。
第五条	裁判は公平に行え。
第六条	悪をこらしめ、善をすすめよ。
第七条	人は各自の任務を果せ。
第八条	役人は、早く出勤し、遅く帰ること。
第九条	すべてのことに、嘘偽りなきまごころをもって当たれ。
第十条	人にはそれぞれの思いというものがある。自分だけが優秀だと思い込んではいけない。
第十一条	功績があれば賞を、罪を犯したら罰を、正しく与えよ。
第十二条	地方官は民から税をむさぼり取ってはならない。
第十三条	役人は自分の職務の内容をよく理解せよ。
第十四条	他人に嫉妬の心を持つな。
第十五条	私心を捨てて、公の立場に立つのが、君主に仕える者の務めだ。
第十六条	民を労役に使うのは、農業の仕事の暇なときにせよ。
第十七条	大切なことは一人で決めないで、みんなとよく議論して決めよ。

あるいはユダヤ・キリスト教の神様、これは同じ神様ですが、やはり独裁神、男性神ですね。ギリシャ神話とローマ神話、これも同じものですが、やはり独裁神。それから北欧のオーディーン神話も独裁神なのです。

このように、世界の神様は権力を持っている反面、日本の天照大神のみが権力を持っていません。一番偉い神様であり、権威はあるが権力はないという、まさに代々の日本の天皇と同じなのです。日本は、そういう伝統が延々と続いてきた国なのです。だから、世界の中で一番謙虚な人間は、歴代の天皇だと思います。

大使は今の陛下にも何度も拝謁《はいえつ》されていると思いますが、こんなにトップの人が謙虚な国というのは世界の中で日本だけではないでしょうか。

馬渕　確かにそうでしょうね。

サンマリノ大使が驚いた皇居の造り

加瀬　かつて、『世界で一番他人《ひと》にやさしい国・日本』（祥伝社新書）という本を、サンマリノ共和国の駐日大使マンリオ・カデロさんとの共著で出したことがあります。

日本には150カ国以上の大使館が存在し、どこの国にも外交団があります。サンマリ

皇居に鎮座し、天皇陛下の祭祀の場となる宮中三殿（宮内庁提供）

ノではカデロ大使が外交団長ですから、よく皇居に上がって陛下とお話をする機会が多いわけです。

もちろん馬渕大使は何回も新宮殿に上がられていますし、私も何回か新宮殿に伺候《しこう》したことがありますが、カデロ大使がこう言うんですね。

「自分は外交官として、たとえばフランスやドイツの昔の宮殿にも行っていますが、日本の皇居はまったく違う。新宮殿には金銀などの光るものが何一つない。宝物も置いてない。中に入ると、神社とまったく同じ雰囲気だ」

確かに、今の新宮殿は床が高く、屋根の上には千木《ちぎ》が乗っています。本当に神社そのものといった造りです。

さらに、カデロ大使はやはり今の陛下のことを、「こんなに謙虚な人は日本人の中でも大変珍しい」とおっしゃったのです。「外国の元首、特に国王や皇帝はみんなふんぞり返っているのに」とね。

カデロ大使がお会いになったのは今上陛下だけで、昭和天皇との接点はありませんでしたが、「とにかく世界の国王の中で、こんなに謙虚な人は、自分は会ったことがない」と断言するのです。しかも、同じ日本国民の中でも「こんな謙虚な人はいない」とのこと。これも日本のお国柄なのですね。

仁徳天皇が3年間税金を免除したわけ

馬渕　これは今日の我々を理解する上でも非常に重要なことです。

日本の場合、天皇から見て国民というのは、ヨーロッパにあったような対立する存在ではありません。我々はヨーロッパの歴史ばかり学ぶので、王対貴族、ブルジョアというような主従の概念に毒されています。

これは要は、お互い対立関係にあるから、権限を制限するような契約を結んで主従関係になるということでしょう。

ところが、日本では契約はいらないんですね。なぜなら天皇にとって、国民というのは大御宝《おおみたから》、宝物だからです。

仁徳天皇の有名な話が古事記や日本書紀に出てきます。民のかまどから煙が昇っていないのは、民が苦しんでいるからだということで、3年間は税金を免除するというエピソードがその最たる例です。

そして3年後に、国中の家から煮炊きの煙が上がるようになりました。そのときに、仁徳天皇が詠まれたのが、「高き屋に登りて見れば煙立つ民のかまどは賑わいにけり」というものですね。

このような天皇の御心に、国民は自らの仕事に尽力することで応えてきました。つまり、常に天皇を支えるのは国民であったということなのです。だから、天皇にとって国民は大御宝であり、みんな平等だったわけです。したがって、我が日本は太古の大昔から、平等主義社会だったということになります。

「和を以って貴しと為す」の真意

加瀬　「和を以って貴しと為す」という聖徳太子の言葉を指して、論語から借りてきた精神だという学者の人たちがいますが、そんなことはありません。中国の論語というのは支配階級が、どうやって民衆を支配するかという統治論なのです。

一方、聖徳太子が言っている「和」というのは、人間も動物も植物も全部横並びで、自然の一つにすぎないという意味なのです。素晴らしい言葉だと思います。

たとえば二宮尊徳が『夜話』の中で、こんなことを言っています。

「農夫は勤労して植物の繁栄を楽しみ、
草木もまた喜びにあふれて繁茂する。
みな双方ともに苦情がなく喜びの情ばかりだ」

これは地上にあるものすべてが、横並びということなんですね。二宮尊徳というのはそもそもお百姓さんの出です。

ところが江戸時代を見ると、士農工商の農工商から出た、つまり武家でない偉い学者というのがたくさんいるのです。

他にも平田篤胤《ひらたあつたね》という国学者がいます。この人は、「外国など追っ払ってしまえ」という思想の持ち主ですが、『静《しず》の岩屋《いわや》（志都能石屋）』の中で、こういうことを言っています。

「外国々《とつくにぐに》より万《よろ》ずの事物の我が大御国《おおみくに》に参り来ることは、

皇神《すめらみかみ》たちの大御心《おおみごころ》にて、その御神徳の広大なる故に、
善きも悪しきの選《えら》みなく（略）
皇国《すめらみこく》に御引き寄せる趣を能《よ》く考え弁《わきま》えて、
外国《とつくに》より来る事物はよく選み採りて用《もち》ふべきこと」

外国のものはすべてNOと言って排斥しないで、そのうち良いものはどんどん取り入れて、我々の役に立つようにしましょうと言っているわけです。この平田さんという人は、江戸時代の攘夷の一番先頭の旗頭に立った人なんです。

馬渕　この中に大御心という言葉が出てきますね。外国の事物を取り入れるのも大御心であると。

　これは天皇の御心ということですけども、さかのぼれば、高天原の神々の御心ということですね。

　古事記以来、みんな神様の子供だという発想があるわけです。人間だけではなく自然も含めて、みんな神様の子供だから同胞だという平等観があるんですよ。

　今は学校では教えないので、こういうことを言うと驚かれる方もいるかもしれませんが、昔の人は、江戸時代はもちろんそうですけど、そういうことを知っていたのです。

「混迷のときは原点に戻る」が鉄則

馬渕　幕末期の英傑に勝海舟がいますね。私が彼に感心したのは、はっきり言えばたった一つのことです。

よく知られているのは、江戸城無血開城の決断をしたということなんですが、私が強調したい彼の重要な信念は「外国からお金を借りない」ということなのです。彼の回顧録である『氷川清話』などを読んでみますと、これが何度も出てきます。「外国から借金をしちゃいけない」と。

当時、彼がそう言い切っていたことは凄いことです。もし幕府がフランスからお金を借りていたら、あるいは薩長がイギリスからお金を借りていたら、と思うとぞっとします。もし借金をしていたら、戊辰戦争も彼らの代理戦争になっていた可能性がある。しかも、その当時の借金をいまだに我々は返し続けなければならなかったかもしれない。勝海舟は、そういうことを直感的に見抜いていた人なのではないでしょうか。

また、西郷隆盛との会談も、日本人独特の阿吽《あうん》の呼吸で、無血開城の合意に至りました。そういうところが、やはり西洋の歴史でいう「革命」ではない証しなのです。先ほども申し上げたように、これはやはり「復古」だということです。

そもそも、国の根幹を揺るがすような事件が起こった際、我々日本人の知恵、先祖の知恵というのは、いつも復古を目指します。過去に戻って、どう対応するかを考えるという知恵だと思うんですね。

言葉では「王政復古」といいますが、加瀬先生もおっしゃったように、王政といってもヨーロッパ流の王政ではなくて、元々の日本の形を指しているのです。権威としての天皇がおられて、そのもとで行政機関が日々の政治をやる。そのように、天皇を国民が支えるという体制の「復古」を目指したのが明治維新であると、解釈することができるのではないでしょうか。

日本の造り変えて受け入れる力

馬渕　ところで、芥川龍之介の作品には『奉教人《ほうきょうにん》の死』をはじめ、キリシタンを扱った小説がいくつかあります。奉教人というのはキリシタンのことです、これは外国でも翻訳されています。ただ、私が海外の人たちに「これを読めば日本のことが分かる」と言って勧めるのが、同じ芥川の『神神の微笑』という小説なのです。

これは、日本にキリスト教の布教に来たオルガンティノという実在の人物の話で、この小説の中に、日本は外国の事物を取り入れるけれども、そのときの国情に合うようにして取り入れる、これが日本の文化の特徴なんだということが書いてあるのです。「日本の力、我々の力というのは、破壊する力ではありません。造り変える力なんです」と。

私は、この一文に非常に感心しました。造り変えて受け入れる、これが先ほどの大御心でもあるのです。

加瀬　とにかく日本は、何でも海外から入ってくると、それを良いものに造り変えてしまいますよね。

馬渕　そういうことです。

加瀬　卑近な例かもしれませんが、イチゴは幕末にオランダから入ってきました。僕はオランダに何回か行ったことありますが、オランダのイチゴは小さく、日本のイチゴの大きさと甘さにはとうてい太刀打ちできません。

また、リンゴは明治になってからアメリカから入ってきましたが、アメリカのリンゴはちっとも美味しくありません。ところが日本のリンゴは素晴らしい味がします。

また前にも少し触れましたが、儒教は日本に入ってきて、精神修養の哲学になったわけですが、元々は、いかに人民を抑え付けて支配するかという統治思想だったのです。無論、仏教でも何でも、日本に来ると良いものになるという特徴があります。

馬渕　先生も裏でご活躍なさったかと思いますが、アメリカとひと頃、オレンジ交渉というのがありました。アメリカ産オレンジの輸入自由化をめぐる交渉です。

その結果、アメリカからある程度オレンジを輸入したのですが、今日本では、オレンジとみかんを掛け合わせて素晴らしい果物を育成しています。オレンジよりもずっと美味しく、私も大好きです。つまり、そういう知恵があるということです。物事を取り入れてそれを造り変えて、より良いものにしてしまうという……。

日本に長く住んでおられる外国の方が、テレビで討論をしているのを聞いていたのですが、面白いことに異口同音に、そうした造り変える力を日本の特徴だと主張していました。「日本化する力がある」というように、おっしゃっていましたね。

加瀬　今、外国から観光客が毎年どんどん増えて、リピーターが多いのも同じ要因かもしれません。

英語には翻訳できない日本の「和」

加瀬　今や、東京や大阪のような大都会ではなく、我々もあまり行ったことがないような地方へ行っていますね。一度そういう外国から来た観光客から取ったリピーターのアンケートを読んだら、やはり日本のおもてなしが素晴らしいとありました。

僕は英語屋ですから、「おもてなし」というのは英語で何て言うのかといえば、まぁ、「hospitality」が一番近いと思います。しかし、あくまで近いだけで同じではありません。というのは、hospitalityとは、相手が何かを言って、それに応じて何かをやってあげることなのです。ほとんどの場合、そこにチップが介在します。

日本の場合は相手が何を欲しがっているのか察してあげて、それを先回りしてやってあげる。だからといって、チップをもらいたいなんていうことはないわけですね。

そこからさらに考えてみると、日本は和の民族だと言う場合のこの「和」、これも英語になりません。たとえば調和を意味する「harmony」はどうかというと、一人一人が合わせようと意識的に決めた上で、初めてハーモニーが生まれるんですね。日本の場合は理屈抜き無意識で初めから和があるのです。

馬渕　おそらく、それは一人一人が自分の個性を発揮するということですね。それによって社会の調和が保たれるという。日本は「役割分担史観」だという人もいますが、確かにその通りで、みんな個性が違うからおのずと役割も違ってきます。

もう少し言いますと、神々も日本はなぜ八百万もいるのかというと、みんな役割が違うから、それだけの神様が必要になるわけですね。

そうなると、我々も同じです。今、1億2000万人の日本人がいるわけですが、みんな違った役割を担った神々の子孫であるのです。そういうふうに日本の強みを考えることができるでしょう。

なぜ、日本語には「心」が付く言葉が400以上もあるのか？

加瀬 それと、日本人は「心の民」だったとも思います。ところが文明開化で西洋の事物がわっと入ってきて、西洋の真似をするうちに、手段である真似を目的だと思い込んでしまい、だんだん心が疎かになっていると思うのです。

僕は物書きですから20巻もある国語辞典を持っています。あるとき「心遣い」とか「心づくし」とか、上に「心」が付く言葉を数えてみたら、なんと400以上数えてもまだ終わらない。一方、英語のコンサイスの英和辞典を引いて、heartが付く言葉を引いたら、10ちょっとしかないのです。「heart burn = 胸焼け」「heart attack = 心臓麻痺」とかね。

このことからも、我々日本人は「心」の民だということが分かります。

ところが最近は、日本人でも「心」ではなく「頭」だけを使って暮らしている人が多いのではないでしょうか。昔は心を用いて、みんな生きていたにもかかわらず……。

今、「AI（artificial intelligence＝人工知能）」が話題になっていますが、ロボットはどこまでいってもロボットで、使うのは頭だけです。友達も家族もいません。

もっとも最近は、喫茶店などにもお一人様で行くらしいですね。昔は喫茶店といえば仲間と一緒に行くものでしたが……。

馬渕　そうですよね。私も時々喫茶店に行って勉強しますが、二人連れのお客さんでも、コーヒーを飲みながら互いにバラバラにスマホをいじっている光景をよく目にします。会話をまったくしないで……。それで、飲み終わったら出て行くだけなんです。

加瀬　高齢者の中にも、一人暮らしの人が増えていますね。ある調査によると、朝昼晩一人で食事をしていると、精神障害が起こるそうです。それで孤独死が多いわけですから。

いずれにしても、だんだん頭だけを使う社会になっていくというのは、空恐ろしいことだと思いますね。

馬渕　今ふうに言えば、いわゆる「理性」ばかりが尊重されて、感性というものがなおざりにされているということでしょう。先生がおっしゃった「心」というものの大切さは、学校教育でも教えられていません。このままでは、本当にAI社会になってしまう……。

しかしながら、本当は人間には理性と感性、両方が必要なのです。明治時代もそうでしたが、日本は太古の昔からその二つが必要なんだということを、体で知っていたはずです。言わなくても分かって生活をしていたところに、西洋文化という「理性文明」が入ってきてしまった……。そして、その相克がいまだに続いているのが、今日の日本の姿だという気がしてなりません。

加瀬　明治維新によって、近代国家——近代国家というのは嫌な言葉ですが——が完成したことにより、簡単に言えば頭だけを使う社会になって、その成れの果てが今の日本なのではないかと思います。だから僕は、明治維新は余計だったということを、声を大にして叫びたいのです。

馬渕　今はまったく明治維新の頃と同様に、改めて日本の精神性を取り戻そうとするべき時期だと思います。

戦後民主主義は確かに居心地の良い時代を作りました。ただ、こうした太平の夢を貪っているときにこそ、加瀬先生や私のように、「本当にそれって正しいの？」「それじゃおかしいのではないか？」という声を上げる人が出てこなければいけない。

つまり、人間だけが持ち得る理性と感性の両方を磨き、今こそ精神武装をしなければならないと思うのです。

そして、太平の眠りから多くの人が目覚めていく、そのときこそ〝第二の明治維新〟が始まるのかなという気がします。

「匠」が作り上げた世界最高品質の武器

加瀬　結局、徳川時代は260年くらい続いたわけですね。世界でも、こんなに長く平和が続いた国というのはありません。ところが一方で、一瞬たりとも「武の心」を忘れずに腕を磨いていたんですね。

だから、西洋列強が圧倒的な武力でやってきても、国を守るだけの精神力があったし、そして、維新からたちまちのうちに、日清・日露戦争に勝つことができたわけです。ところが今の日本は、「武」がいけないという風潮になってしまいました……。

馬渕　まさに、そういうことですね。それともう少々遡りますと、1543年に鉄砲が伝わってきました。ありがたいことに、キリスト教が来る前に、鉄砲が日本に伝来していたことになります。この時系列は非常に大事ですね。

当時のキリスト教は、日本を植民地化しようとしていました。ところがそれができなかったのは、日本がすでに鉄砲で武装をしていたからなのです。だから日本は植民地にならずに済んだわけですね。

加瀬　種子島に最初の鉄砲が伝わってから、たった30年程度で、長篠《ながしの》の戦いにおいて鉄砲が実戦で大きな役割を果たしています。イギリス人の学者の研究によると、あの頃の日本には、今の中東地域やヨーロッパが持っていた数をはるかにしのぐ数の鉄砲があったといいます。しかも性能も、本場の鉄砲よりもよっぽど優れていたのです。

これは刀鍛冶の伝統があったからだといわれています。まず、鉄砲は種子島に2挺伝来しました。すると、うち1挺は解体し、同地にいた刀鍛冶が完全な模倣したものを作ったのです。

それが素晴らしいものでした。やはり、日本は「匠の国」なのです。

馬渕　明治維新の後も、日本が作った銃を改良した銃も作られましたし、何よりも戦艦大和・武蔵を建造し、ゼロ戦まで開発してしまったわけですから。これは物凄いエネルギー、物凄い能力だと思います。取り入れて、より良いものを作り出す……。その能力、知恵の素晴らしさの賜物ですね。

加瀬　日本製品の質が高い理由は、自分のためにその製品を作っているのではなくて、周りの人々のために良い物を作る心を持っているからだと思いますね。

取り戻すべき日本独自の教育システム

加瀬　ところが、戦後の受験戦争は、知を育むどころか、国家による子供への壮大ないじめと化しました。こんなにいじめが社会的な問題になっている中で、実は国がこれからの日本を担う少年少女に公的ないじめを行っている……。ですから僕は、受験戦争の片棒を担いでいる文科省の解体論者なのです。

江戸時代を例にとると、幕府には教育担当の役人というのは実のところ一人もいませんでした。その代わり、寺子屋が全国に2万校以上あったのです。これは今で言うチャータースクールのように、全部地域住民による手作りの教室でした。しかも、士農工商の「農工商」の庶民の学校だったのです。それでも男女が等しく学んで、優れた人たちをたくさん輩出しました。

侍の息子たちは、「藩校」という藩の学校に通いましたが、武家の娘たちには行く学校などありません。では、どのように教育していたかというと、全部、家庭で教え、しつけられていたのです。

こうした日本独自の教育システムが、江戸時代は十分に機能していました。それなのに、明治維新の近代化の産物である現在の学校制度において、先ほど申し上げたように「心」はないがしろにされるばかりです。これが日本の今の停滞を生み出している大きな要因ではないでしょうか。

だからこそ、皆さんには、受験地獄というのは、壮大ないじめだということを認識し、それを打破するために声を上げてほしいと思っているわけです。

日本人が失ってしまった「宝」

加瀬　日本は本来「心」の国であるにもかかわらず、その心がだんだんと疎かにされてきた結果、明治維新から150年経ったこの時期に、改めて明治維新の功罪を考えるべきではないかということを、ここまで大使と話してきました。やはり、近代化によって私たちの大切な宝＝心を失いつつあるということを、皆さんにぜひ気付いてもらいたいですね。

馬渕　そうですね。もう先生に結論をおっしゃっていただいたわけですが、一言付け加えさせてください。今のマーケット至上主義には、心が必要ありません。ですから、マーケットが中心になる社会というのは必ず心が荒んでいきます。

先ほど勝海舟の借金に対する考えをご紹介しましたが、かつて我々日本人の経済活動には必ず「道徳」が入っていました。単に儲かればいいというのではなく、そういうことを改めて思い返す時期に来ているのではないかと思います。

加瀬　大使が書かれた『グローバリズムの終焉』（KKベストセラーズ）という本にもあるように、グローバリズムは日本人を日本人でなくしてしまいます。日本人でなくなるということは、日本が滅びるということ。ですから、もうそろそろグローバリゼーション＝アメリカニゼーションを我々は断ち切らなければいけないということなのです。

馬渕　まさにその通りだと思います。

加瀬　仮に2000年以上昔の非常に古い良いものを一点持っていて、それが大変な値段で売れるとなったら、皆さんおそらく売らずに逆に必死になって守りますよね。我々が持っている日本の文化的な伝統というのは、まさに2000年以上経った、素晴らしい宝なのです。ですから皆さん、そういう本当に世界でも稀な宝を日本人一人一人が持っているということを、決して忘れないでいただきたいと思います。

やはり、この日本という宝を我々が大事にしないと。我々の子供、孫にこれを受け継いでいかせられなくなってしまいますから。

馬渕　我々は日頃、日本国家というもののありがたみを感じてはいません。日々、美味しいものを食べ、楽しく生活する、それはそれで良いことですが、しかしそれはあくまで日本という独立国家があるからできる話です。

我々が当然と思って感じてこなかった国家のありがたさが、〝残念ながら〟今後は感じられるようになるのかもしれません。残念ながら、というのは、そういうことを感じられるときというのは有事のときなんですね。おそらく、そういう時代が来てしまうでしょう。

加瀬　すでに、我々は有事の中に生きているともいえます。朝鮮半島の情勢が緊迫するようになっていることからも、それは明らかなのです。

第六章
日本の「国体」と天皇のあるべき姿

メディアに垂れ流された「生前退位」というエセ日本語

加瀬　最後にやはり天皇陛下について触れなければなりません。

平成30年をもって平成の世は終わることになっていますが、そもそも天皇陛下のお仕事、そしてお姿とはどういうものなのか。その未来の望ましい形とは何なのか。改めて大使と話し合っていきたいと思います。

まず、天皇陛下のいわゆる「退位」という呼び方について、産経新聞が「『生前退位』ではなく、『譲位』とします」という社告を載せました。以来、産経は「譲位」という言葉を使っていますが、他のメディアは相変わらず「生前退位」としています。

「生前退位」という言葉は、初めはNHKが使いました。ただ人類の長い歴史で、〝死後退位〟した例などありませんから、こんなおかしな日本語はないと思います。

馬渕　2016年7月13日、NHKが7時のニュースで初めて「ご意向」を流したわけですね。そこで、この言葉を使ったのですが、その第一報を後追いしたメディアも全部「生前退位」という言葉を使ったわけです。

どうも私は、このようにすべてのメディアが同じ言葉を使うというところに、まず疑問を感じました。おっしゃる通り、これは間違った言葉ですからね。しかし、なぜ間違った言葉なのに、あえてそれを使ったのかというところに、何かあるのではないかと、かなり早い段階から考えていたわけです。

先生が皇室にかかわる言葉遣いを指摘されましたけれども、私も敬語の使い方がおかしいと常々思っていました。具体的には産経も含めて、敬語は文の最後にしか使わないということになっています。しかし、あれは日本語として物凄く汚い。

たとえば天皇陛下なら、いろいろなさるわけですから、当然動詞が出てきますね。ところが最初に出てくる動詞には敬語を使わずに、最後の動詞だけ敬語になるのです。これは日本語としておかしいわけですよ。非常に目障りです。

実は皇室を潰したい勢力は、あらゆるところにいます。当然メディアにも。産経は別かもしれませんが。ただ、「生前退位」なんて騒いでるメディアは、みんなそうですよ。

歌と祭祀以上に重要な仕事なし

加瀬　では、改めて天皇とは何か、ということについて考えていきたいと思います。まず、これをなさらなければ天皇ではない、ということが二つあるわけですね。

それは、次ページの図の一番下に、趣味とかスポーツ観戦と同じところに並んでいますが、宮中でなさるお祀り、神々にお祈りくださる祭祀《さいし》です。そしてもう一つが、お歌を作られること。この二つさえなされれば、天皇であられるわけです。

国会召集とか大臣らの任免とか、法律などの公布、それから国会の開会式に臨まれるといったことは、なさらなくても構いません。つまり私は、祭祀とお歌の二つ以外は正直どうでもいいと思っています。馬渕大使はどう判断されますか。

馬渕　ええ、基本的に先生のおっしゃった通りだと思います。おそらく若い方などは、天皇というと、まず国事行為をする人だというイメージではないでしょうか。それから、もっとくだけた言い方で不敬かもしれませんが、震災などの大災害があったらお見舞いに行かれる方。こういうふうに、一般国民は思っている節があるんですね。

しかし、今先生がおっしゃった、祭祀を行うということが天皇の天皇たるゆえんです。天皇というのは個人ではないんですよ。我々は、今のお姿を見てこれが天皇だと思いますが、本当はそうではありません。

天皇というのは、つまり高天原の昔から、ずっと続いている祭祀をおやりになる、という意味で天皇なんですね。ですから、祭祀をおやりにならなくなったら、それは天皇ではなくなるということになります。

天皇の仕事（行為）を三つに分類

国事行為	首相任命、国会召集、大臣らの任免 法律などの公布、栄典授与 大使・公使の信任状の認証ほか
公的行為	外国訪問、地方訪問、一般参賀 歌会始、園遊会、宮中晩餐 外国賓客の接受、国会開会式ほか
その他	祭祀、展覧会・音楽会鑑賞 スポーツ観戦、趣味・研究ほか

祭祀によって、天照大神と一体となられるわけです。だから、そういう存在だと私は認識しておりますが、そういうことは学校教育で一切教えない。いや、教えることができないのです。なぜなら、学校の先生はそんなことも知りませんから。

それから、いわゆる「学者」と称する人も、そういうことを教わらずにきたものだから、たとえば憲法学者などは国事行為のことしか教えることができない。

だから、私たちはもう一度、「そもそも天皇とは何か」ということを考える必要があると思います。私なりに考えれば、日本の国体を考えるということは、要するに天皇について考えることになるわけです。私たちが天皇のことを考えなければ、日本の「国体」は何かということなど、いつまで経っても分かりません。

日本国と世界の平和を祈る年の初めの「四方拝」

加瀬　それでは天皇がなされるお祀り、宮中祭祀について考えてみましょう。超近代都市・東京の真ん中に緑の小島のように皇居があり、そこのほぼ真ん中に宮中三殿という、お社があります。

次ページの図の一番正面の賢所《かしこどころ》が、天照大神をお祀りしている場所。西側（皇霊殿《こうれいでん》）は歴代の天皇の御霊をお祀りしています。そして東側（神殿《しんでん》）が、全国の神々をお祀りしているというところです。

陛下は、年間18回ぐらいお祀りを久しくなさっていらしたわけですね。

たとえば、主なもので「四方拝《しほうはい》」があります。1月1日になさるものです。新しい年が始まると、陽が昇る前に陛下が野外でなさらなければならないお祀りで、陛下が午前4時にまずお起きになって身を清められ、黄櫨染御袍《こうろぜんのごほう》という、最も重要な祭祀の際にお召しになる服に着替えられます。上にお被りになってらっしゃるのは、御立纓《ごりゅうえい》といいます。

普通の神主さんが被るものは、上の「えい」が途中で曲がって下がっているのですが、日本でただ一人、この立っている御立纓をお被りになれるのが天皇なのです。

宮中の構図

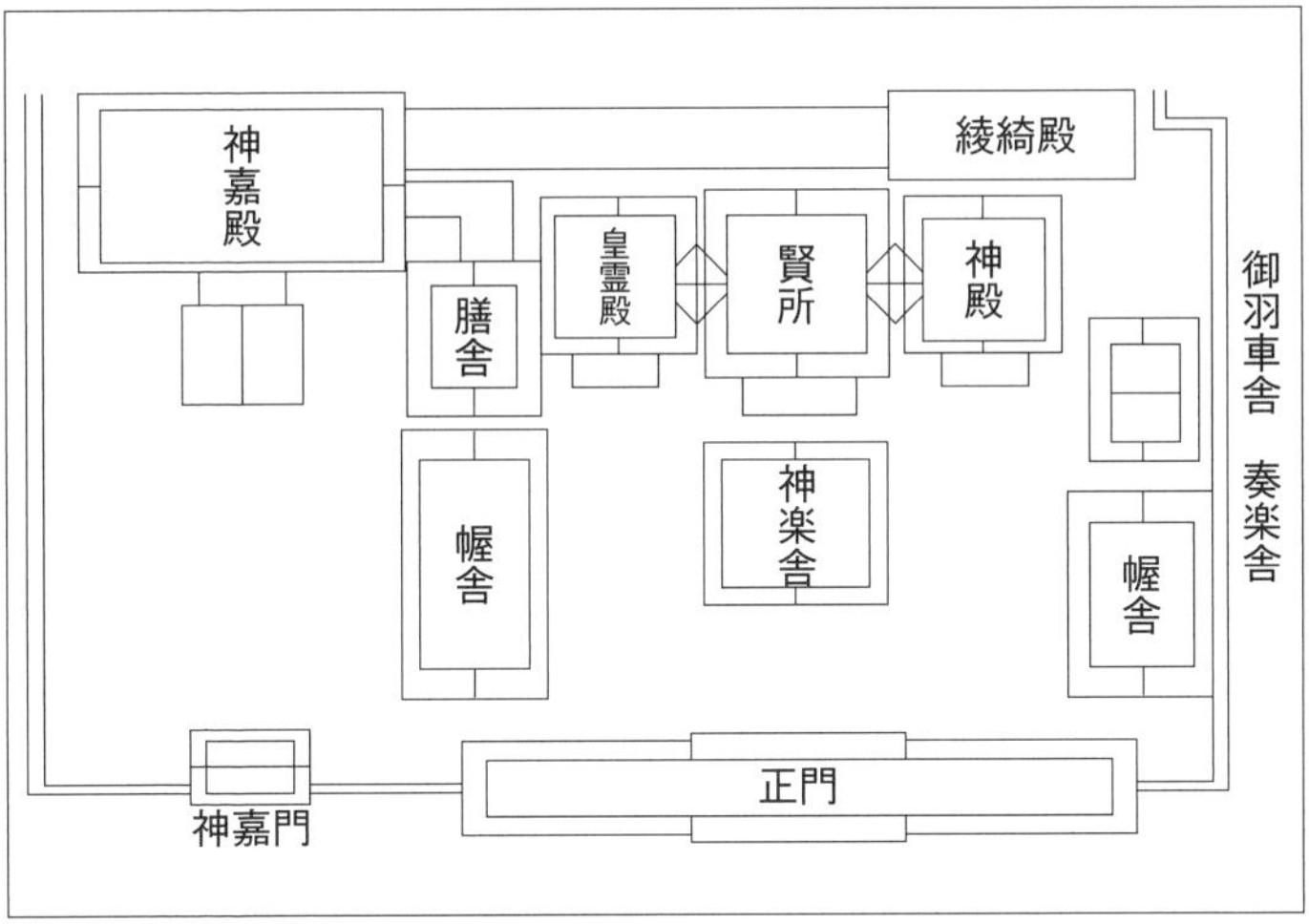

3月3日のひな祭りで飾られるひな壇の上にいるお内裏さま、あれは天皇ですから、ピンと立っています。分かりやすく言えば、天上の神々と交信なさるアンテナみたいなもの、というところでしょうか。

そして、宮中三殿の東奥に綾綺殿《りょうきでん》という所があります。この綾綺殿でお着替えになってから、しずしずと西奥の神嘉殿《しんかでん》の前のお庭に、5時半にお降りになるのです。

四方拝の絵が残っていますが、白い砂を敷いて周りにかがり火を焚き、その真ん中にカスミグサを織った真薦《まこも》というゴザを4枚ずつ2列に、南西と北東の方角に敷きます。ちなみに南西というのは、伊勢神宮のある方角ですね。

その真薦の上に、金の縁取りがされた薄《うす》

四方拝での御装束

● **御立纓《ごりゅうえい》**

天皇陛下にのみ許されているお被りもの。他の皇族が被られるものは「垂纓《すいえい》」と呼ばれる。

● **黄櫨染御袍《こうろぜんのごぼう》**

最も重要な儀式の際に着用する天皇陛下の身分を表す袍（上衣）。平安時代、嵯峨天皇の御代の弘仁11（821）年に定められたとされる。

● **御挿鞋《おんそうかい》**

神職、高僧が穿く浅沓《あさぐつ》に特別に 絹や錦を張り付けた御沓。

（宮内庁提供）

帖《じょう》というゴザをまた1枚敷き、三尺四方の畳の上に天皇がお乗りになる御拝座《ごはいざ》というものを置きます。それで周りを6面の真っ白な純白の屏風で囲うのですが、伊勢神宮の方角の南西と、北東の方角がちょっと開いています。

そして、陛下が降りてこられて中にお入りになるわけですが、そのときに木靴である御沓《おくつ》「御挿《おんそう》鞋《かい》」をそこで脱がれて御拝座の上に乗られます。それから、伊勢神宮のほうに向かって立ってお辞儀をされ、それから正座をされて拝礼をなさって、また立って拝礼をなさる。それを「両段再拝《りょうだんさいはい》」といいます。

そして右へ右へと回って、全国の神々にその年の日本国と世界が平安であるようにと、お祈りをなさるのが四方拝なのです。

陛下がお祀りをしている間、神職にあたる人は、

『四方拝』（「公事録 附図」宮内庁提供）

外でずっと平伏しています。

これは、日の出前に終えなければなりません。午前5時半というと昔は相当寒かったわけです。とりわけ野外ですから。昭和天皇は何と80歳になったときも、これを野外でなさったそうです。

なお、私は色々な好奇心があって、昭和天皇の弟宮の高松宮殿下のところによく伺ってお話を聞きました。あるとき、「陛下が四方拝をなさってらっしゃる際、他の皇族方はどうなさっているのですか」とお伺いしたことがあります。

すると高松宮殿下は、「その日は喜久子（妃殿下）と朝4時に起きて、身を清めて応接間に入り、窓を全部開け放って外から冷たい外気が入るようにして、宮内庁からお上（天皇陛下のこと）がお祀りを終えたという連絡があるまでずっと身を謹んで待っています。他の皇族方も全員そうされているはずです」と答えてくださいました。

それにしても世界の中で、元首がその国と世界の平安、平和を祈っているお祀りをなさって、かつその間に、その一族が身を正してずっと待っている……。こういうことを当たり前のように行うのは、日本だけです。

2600年以上宮中で続く秘義

加瀬　古来、天皇をはじめ皇族方は、そういうことをずっとなさっていらした。では、数多くある宮中祭祀の中で一番重要なお祀りは何かというと、それは「新嘗祭《にいなめさい》」です。

これは天皇から皇太子に口伝えされると言われていて、はっきりと何をなさってらっしゃるのか、陛下にお仕えする神職――男性は掌典《しょうてん》、女性は内掌典《ないしょうてん》と言いますけれど――を辞められた方から私が伺ったところ、書き記された記録はないとのことでした。

さて、新嘗祭に使われるお皿は、土器ではなくて柏の葉っぱです。というのは、このお祀りはまだ土器のお皿が作られる前から、行われ続けているからです。

お箸を使って五穀を柏の葉っぱにおよそいになり、それを天照大神にお勧めしてご一緒

天皇陛下が行われる主な宮中祭祀

1月1日	四方拝 歳旦祭	6月30日	節折 大祓
1月3日	元始祭	7月30日	明治天皇例祭
1月4日	奏事始	秋分の日	秋季天霊祭 秋季神殿祭
1月7日	昭和天皇祭	10月17日	神嘗祭
1月30日	孝明天皇例祭	11月23日	新嘗祭
2月17日	祈年祭	12月中旬	賢所御神楽
春分の日	春季天霊祭 春季神殿祭	12月23日	天長祭
4月3日	神武天皇祭 皇霊殿御神楽	12月25日	大正天皇例祭
6月16日	香淳皇后例祭り	12月31日	節折 大祓

にお食べになります。この際に使われる箸は、近代的な二本棒の箸じゃありません。竹を削いで火であぶってピンセットにしたものなのです。これは箸の原型と言われています。こうしたことからも、いかに古いお祀りであるかが分かることでしょう。

　この「神人共食《しんじんきょうしょく》」という秘義をお終えになると、衾《ふすま》という夜具が敷かれていて、そこで天照大神と一緒にお休みになるそうです。この「夕の儀」が終わると、ちょっと休憩を挟んで、今度は「暁の儀」を夜を徹してなさる。しかも、同じお祀りを2回繰り返しなさるのです。

　なお、新しい天皇が即位なされるときに行われる新嘗祭のことを「大嘗祭《だいじょうさい》」と呼びます。悠紀殿《ゆきでん》、主基殿《すきでん》という二つの掘っ立て小屋のようなものを、木肌を剥《む》いていない木材で組み立てて、その奥の

『新嘗祭』（「公事録 附図」宮内庁提供）

竹洲を敷いたところで、陛下はやはり新嘗祭と同じように衾にくるまれるのです。

では、なぜ衾にくるまれるのでしょうか。そのルーツを説明しましょう。

天照大神の息子さんは天忍穂耳尊《あめのおしほみみのみこと》ですが、なぜか日本に降りてきませんでした。降りてきたのはお孫さんの瓊瓊杵尊《ににぎのみこと》です。瓊瓊杵尊は赤ん坊のときに衾にくるまれて日本に降りてこられました。だから、新しい天皇が大嘗祭を体験なされることによって、瓊瓊杵尊になられることになるのです。

つまり、天孫降臨のときと同じことをなさっていることになります。かくも古いお祀りが、ずっと継承されてきました。凄いことだとしか言いようがありません。

伊勢神宮は20年に1回の建て替え、いわゆる「遷宮《せんぐう》」を行って、昔と寸分違わず作り変えます。そのときには衣類からあらゆるもの1000点近くを、昔と同じように作り直すのです。その点、ローマやアテネなどへ行っても、昔の石造りの神殿は残っていますが全部廃墟と化しています。ここが大きな違いです。

日本では廃墟ではなくて、ずっと同じものが使われ続けています。これは、お祀りや儀式も変わりありません。ですから日本は2600年の歴史を持つ古い国ではなくて、2600年間、ずっと新しい国のままだと私は言い続けているわけです。

歌を詠むことは祈るということ

加瀬　陛下がどうしてもなされなければ天皇でないというのが、一つは宮中祭祀。その次はお歌です。

歌というのは日本では「言霊《ことだま》」と言います。良い言葉を発すると世界の現実が良くなるという、これが言霊信仰というものなのです。

そのお歌とは、つまりは「祈り」のこと。今でも毎月、皇后陛下が全皇族、成年皇族からお歌を集められるのですが、これは優雅な遊びではなく「祈り」。だから、天皇家の一番大きな特徴はといえば、「祈る家」であるところといえるのです。

日本書紀に素戔男尊《すさのおのみこと》が詠んだ日本最初の和歌「八雲《やくも》立《た》つ　出雲《いずも》八重《やえ》垣《がき》　妻籠《つまご》みに　八重垣作る　その八重垣を」があります。驚くことに、素戔男尊がお詠みになった歌も、今の読売新聞や朝日新聞の投稿欄に載っている和歌も、形式がまったく同じなのです。

中国の漢詩でも、フランス文学でも古代詩と近代詩は違います。しかし日本は、全然変わっていません。お祀りも変わっていない、お歌も変わっていない、神社の作り方も変わっていない……。こんな国は他にはありません。

馬渕大使はウクライナなどで日本の大使をお務めし、長く外交官でいらっしゃいましたが、どうでしょう、こんな国は他にないのでは。

馬渕　そうですね。まず、世界で一番長く続いている国は日本だということ。イギリスですら、現王朝は400、500年です。だから2600年、実際には神武天皇の前からあるわけですから、もっと長いはずでしょう。こういう国は世界で唯一、日本だけなのです。しかも、もとの形のまま変わっていないというところが、日本の素晴らしさです。

よくギリシャはギリシャ文明から続いているという人がいますが、名前は同じギリシャでも、かつてのギリシャ時代のギリシャとはまったくの別物。しかし日本はずっと日本なのです。だからそこに住み続けてきた日本人も、やはりずっと日本人なのですね。

もちろん、それは別に純血という意味ではありません。そうではなく、いろいろな渡来人が来ましたが、みんな日本で日本人になって、天照大神を信仰してきたということ。クリスチャンであれ、仏教徒であれ、皆そうなのです。

私の家にも神棚と仏壇があります。いわば、そうした〝共存〟をずっとやってきたわけです。逆に言えば、そうした共存を仏教も認めてきたし、その他の世界から日本に渡来した宗教も認めてきました。だから、日本で共存し続けていられるのだと思います。

ウクライナ人の胸にも響くやまとことばの言霊力

加瀬　ところで大使は、カラオケはお好きですか。

馬渕　この頃は、やはり喉が弱くなりまして。昔は好きだったんですが……。

加瀬　どうしてカラオケの話を持ち出したかというと、画面に歌詞が出てきますよね。それを見ていると、漢語が全然出てこないんですよ。すなわち全部やまとことばなのです。たとえば「生命」と出てくると「いのち」とルビが振ってあり、「別離」は「わかれ」となっています。演歌の歌詞の本を何冊か持ってますが、見ると全部やまとことばですね。

漢字が入ってきたのは、おそらく女王卑弥呼の時代の前でしょう。その頃にはもう銅鐸《どうたく》が入ってきていましたから。

馬渕　2、3世紀頃ですかね。

加瀬　だから卑弥呼の側近の高官たちは、みんな漢字が読めたはずです。漢字がその頃入ってきて以来2000年近く経っているのに、まだ漢字を使った漢語は我々のお呼びじゃありません。胸の中に入って来ないのです。たとえば「国家のために生命《せいめい》を」と言われてもしっくりきません。

馬渕 先生がおっしゃったことはつまり、漢語は言霊にはなり得ないということでしょう。やはり、やまとことばでないと。万葉集に、まさに「言霊の幸《さきは》ふ国」という歌があるくらいですから。ですから、先生がおっしゃったように、やまとことばじゃないと言霊にはならないわけです。

加瀬 大使も私も、真面目ですからそういうことの経験があまりないわけですが、異性を口説こうと思ったら、やまとことばじゃないとダメですね。

馬渕 あ、そうですか。私はそういう経験がないもので（笑）。

加瀬 「貴女《きじょ》に対して憧憬《しょうけい》を抱いております」と言っても雰囲気が出ません。やはり「あなたに憧れています」と言わなきゃいけませんよね。

馬渕 ああ、そうかもしれない。なるほど（笑）。

加瀬 演歌というのはやはり、心、胸に訴える歌ですから、漢語はお呼びじゃないのです。だから「国家のために生命《せいめい》を」と言ってもピンときません。「国のために生命《いのち》を」と言ったほうが、どこかジンとくるんですよね。だから和歌も漢語は使いません。こういうところも、日本の面白いところだと思います。

馬渕　言霊というのは力というか、人を動かすものなんですね。

私も実際にウクライナで経験したのですが、たまたま私の同僚だったウクライナの外務次官はその前に駐日大使をしておられました。その奥様がウクライナで有名な詩人で、国にお帰りになってから日本で見聞きしたものを詩集にまとめられて、その出版会を公邸で開いたのです。

それは日本の情景を詠んだ詩で、もちろんウクライナ語で書かれており、外務次官の奥様はウクライナ語で朗読したのです。ただ他国の外交官もおりましたので、それを英語で訳したのを朗読した上、さらに日本語に訳したものも朗読しました。

すると、ゲストに呼んだウクライナの前外相が、「自分は日本語は分からないけれども、日本語に訳された朗読を聴いて、涙が出てきてしょうがなかった」とおっしゃったのです。

私は、これこそが日本の言霊の力だと改めて思いました。それは我々のスタッフが訳したもので、私が聴いていても綺麗な日本語でしたから、きちんと訳せていたのでしょう。ですから、まったく日本語の分からない人にも通じたのです。

今こそ見直したい日本の「国体」

加瀬　大使が書かれた『日本「国体」の真実』（ビジネス社）という本を、私も拝読して勉強させていただきました。実に素晴らしい本です。

「国体」というと、今は「国民体育大会」の通称と思われるでしょうが、ここで言う「国体」というのは、日本の本質、あるいは日本の本質的な形という意味ですね。

馬渕　私は外交官として40年間、外国とかかわってきました。その間、常に土台にあったのは「日本」だったわけです。実は外交官が書いた日本についての本というのは、あまりありません。しかし私の外交官生活40年間というのは、結局、日本を考え続けた40年だったのです。

これは先生のご専門ですが、日本の文化は欧米の文化とは根本的に違います。しかし外務省は、若い頃にそうしたことを教えてくれませんでした。自分で勉強しろということだったのかもしれませんが……。それで自分なりに古事記の勉強会などにも通いながら、日本というのは一体何なのかと考え続けました。

もちろん、私は研究者ではなく実務家でしたから、官僚としての実務の経験、あるいは大学で教えた経験も踏まえて日本を捉え直そうとしました。その結果、我々が気付いていない日本の軸は国体のもとにあるということを、改めて感じたのです。そして結局、国体の中心におられるのが天皇だということを、私なりに理解したわけですね。

先ほども議論しましたが、日本の国事行為も、実は日本の国体と関連しています。何度も指摘してきた通り、天皇陛下というのは日本の権威です。ところが、権力というのは実際には内閣総理大臣以下が握っています。

そうした意味で言うと、日本は権力と権威が別れている、私は「二権分立」だと言っています。欧米で言う「三権分立」ではなくて、日本は権威と権限が分立している。だから、独裁者が現れないということなんですね。

どんな権力を持った人でも、天皇の権威を超えることはできない。そして、天皇は日々の統治には関与されない。日本はこの二権分立で2600年やってきた国だというのが、私の本の中に書いてあることです。

日本では神様ですら合議制

加瀬　天照大神は日本の最高神ですが、面白いことに、一番偉い神様ですら独裁者ではありません。一方、これまで見てきたように、ユダヤ、キリスト、イスラム教は同じ神様をお祈りしており、この神様は絶対神、つまり独裁者です。ギリシャ神話、ローマ神話、北欧のオーディーン神話なども同様です。

馬渕　日本では、高天原で神々が集まって協議して決めています。神々が協議した結果を「これでよろしゅうございますか」と天照大神にお出しする。それに対して天照大神が「それでいい」とおっしゃるんですよね。

天照大神が独裁的に「これをやれ」「あれをやれ」とは決しておっしゃらない。何か問題が起きたときに、議題を神々に降ろされるだけなのです。これが日本の伝統なのです。

加瀬　ときには女性の神様だから、ちょっと気難しいところも見せます。天照大神がご機嫌を害して、洞窟の中にお隠れになってしまう。有名な「天の岩戸」のお話です。

すると八百万の神様全員がその前に集まって「ああでもない」「こうでもない」と延々と相談なさる。太陽の神様がお隠れになったものだから真っ暗になって、かがり火を焚いて延々と相談するんです。これを「神謀《かんばか》る」と言います。

中には、雄鶏を連れてきてその尻尾を引っ張って「コケコッコー」と鳴けば、天照大神は朝が来たと思って、きっと出ていらっしゃるだろう、という神様もいる。そして最後に肉体美を誇る若い女の神様が素っ裸になっておかしな踊りを踊ると、神々が「わー」と笑うものだから、天照大神は女性らしい好奇心に駆られて半身を乗り出された。その機を捉えた白鵬関のような怪力を持った神様が引っ張り出して、また宇宙に光が戻ってめでたしめでたし、というお話です。

良くも悪くも、日本にはコンセンサスを作るために延々と相談するというところが、いまだに変わりなくありますね。

馬渕　そうですね。例の「十七条の憲法」でも、まず話し合えと言っていますからね。まさに「和を以って貴しと為す」と。「和を達成するためには、皆さん話し合いなさい」というのが聖徳太子の憲法です。

しかしながら、それは何も聖徳太子の発明品というわけではありません。高天原の昔からそうやっていたわけで、聖徳太子がそれを文章化されたということになるわけです。

加瀬　だから最後の十七条は、「大事なことは全員でよく相談しなさい」「全員で決めたことは正しい」となるわけですね。全員で決めたことが正しいかどうか、ちょっと異論があるかもしれませんが、とにかく、これは世界で最古の民主憲法と言っていいでしょう。

馬渕　要は、一人で決めちゃいけないということをおっしゃっているわけですからね。

加瀬　前述のように「指導者」「独裁者」という言葉も、明治に入るまで日本語にはありませんでした。

馬渕　ということは、逆に言うと、そういう人がいなかったということになります。

加瀬　リーダーにあたる概念がなかったから、明治に入って20年か30年かけて「指導者」という言葉ができたわけです。

天上の男神と地上の女神というベストマッチ

加瀬　そういえば、「神話」という言葉もありませんでしたね。「ミソロジー（mythology）」という言葉が入ってきたので、神話という言葉を明治になってから作ったのです。それまでは「ふること」と呼ばれました。だから「古事記」は「ふることふみ」と、やまとことばで読むんですね、本来は。

日本神話というと、今の若い人たちは「なんだか嘘っぽい話だ」と思っているかもしれませんが、これは「ふること」なんです。そこから今の天皇陛下も出てらしたわけで、そういう見方ができれば、少しイメージも変わってくると思いますね。

さて、せっかくだから、ちょっと神武天皇のお話をしていただけますか。

馬渕　いやあ、さすがにお目にかかったことはないのですが（笑）。

神武天皇は、瓊瓊杵尊《ににぎのみこと》の曾孫にあたられるわけですね。現在、2月11日は「建国記念の日」ですが、もとは「紀元節」と言って、約２６００年前に神武天皇が即位された日にあたります。だから、建国を記念する日になっているわけですね。

さて、瓊瓊杵尊以来、神武天皇までの系図を見ていますと、一定の法則というかパターンがあることに気付きます。瓊瓊杵尊は高天原から天下られ、地上の神様の娘と結婚されます。木花開耶姫《このはなさくやひめ》です。そしてその息子、これは「山幸彦《やまさちひこ》・海幸彦《うみさちひこ》」の物語で知られる「山幸彦」ですね。彼は海の神様の娘と結婚されている。

その子供、つまり瓊瓊杵尊の孫の鸕鶿草葺不合尊《うがやふきあえずのみこと》は、これまたお母さんの妹さんと結婚されてますよね。で、その子供が神武天皇なのです。つまり、ここのパターンは高天原系の男神と地上の女神の結婚でずっと続いてきているんですね。

これを別の意味で捉え直すと、いわゆる女性天皇、女系天皇問題を考える上で、この伝統を我々は忘れてはいけない、ということなんだと思います。

このパターンは、高天原の霊的世界と、地上世界とのバランスをとっておられるわけです。私は学問的な解釈ではなくて、今日的な、世俗的な解釈しかできませんが、不敬を承知で申し上げれば、精神と肉体というか、物質世界と精神世界のバランスをとって、瓊瓊杵尊以来この地上で生活なさっているということなんだと解釈しています。それが神武天皇以来、今上天皇までの１２５代続いているということなのです。

神々の系図

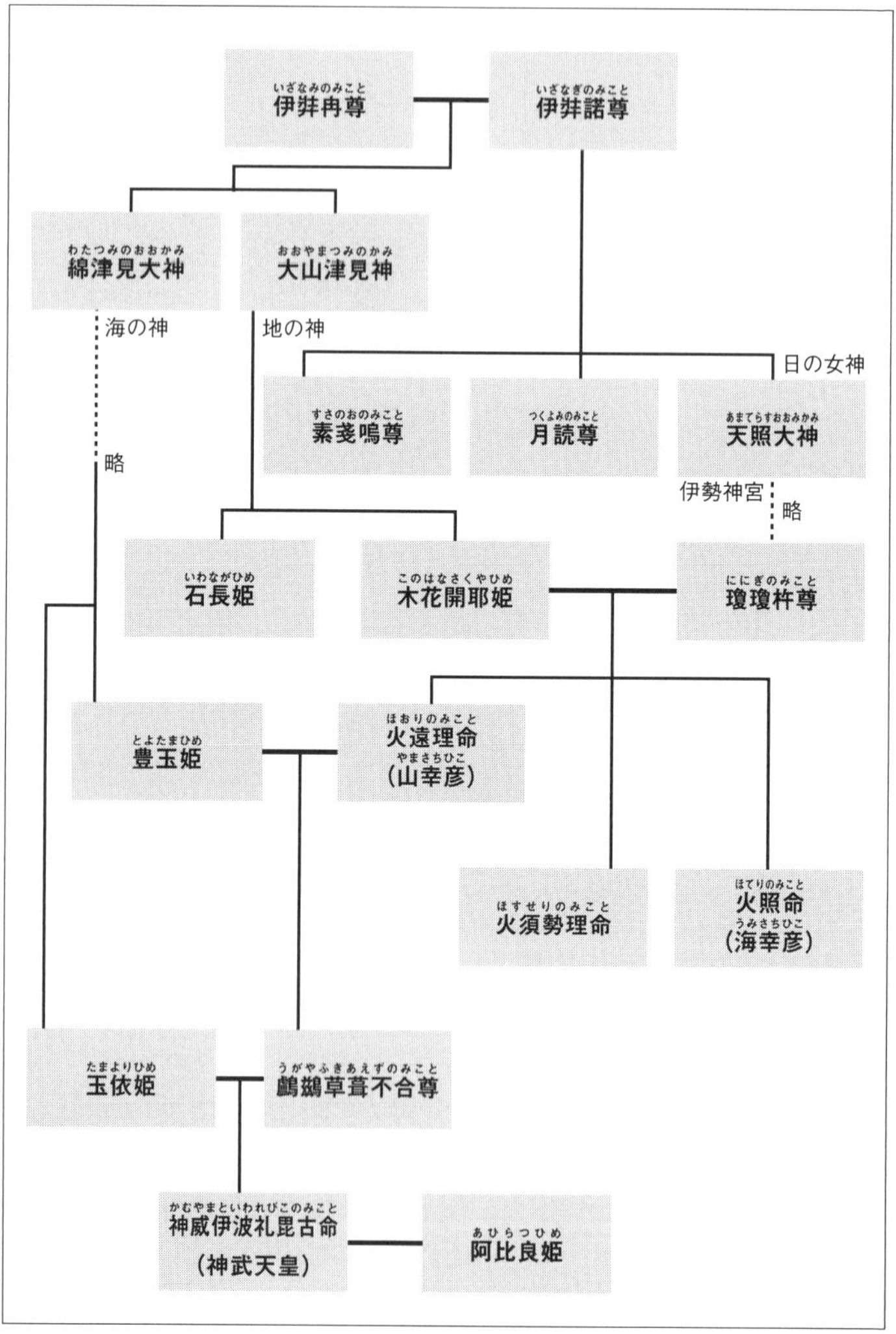
伊弉冉尊《いざなみのみこと》
伊弉諾尊《いざなぎのみこと》
綿津見大神《わたつみのおおかみ》
大山津見神《おおやまつみのかみ》
海の神
地の神
日の女神
素戔嗚尊《すさのおのみこと》
月読尊《つくよみのみこと》
天照大神《あまてらすおおみかみ》
略
伊勢神宮
略
石長姫《いわながひめ》
木花開耶姫《このはなさくやひめ》
瓊瓊杵尊《ににぎのみこと》
豊玉姫《とよたまひめ》
火遠理命《ほおりのみこと》
(山幸彦《やまさちひこ》)
火須勢理命《ほすせりのみこと》
火照命《ほてりのみこと》
(海幸彦《うみさちひこ》)
玉依姫《たまよりひめ》
鸕鷀草葺不合尊《うがやふきあえずのみこと》
神威伊波礼毘古命《かむやまといわれびこのみこと》
(神武天皇)
阿比良姫《あひらつひめ》

郵便はがき

料金受取人払郵便

牛込局承認

7734

差出有効期間
平成30年1月
31日まで
切手はいりません

162-8790

東京都新宿区矢来町114番地
神楽坂高橋ビル5F

株式会社ビジネス社

愛読者係 行

ご住所 〒 TEL:　　(　　)　　FAX:　　(　　)			
フリガナ お名前		年齢	性別 男・女
ご職業	メールアドレスまたはFAX メールまたはFAXによる新刊案内をご希望の方は、ご記入下さい。		
お買い上げ日・書店名 年　月　日　　市区町村　　書店			

ご購読ありがとうございました。今後の出版企画の参考に
致したいと存じますので、ぜひご意見をお聞かせください。

書籍名

お買い求めの動機

1　書店で見て　2　新聞広告（紙名　　　　　　　　）

3　書評・新刊紹介（掲載紙名　　　　　　　　）

4　知人・同僚のすすめ　5　上司、先生のすすめ　6　その他

本書の装幀（カバー），デザインなどに関するご感想

1　洒落ていた　2　めだっていた　3　タイトルがよい

4　まあまあ　5　よくない　6　その他(　　　　　　　　)

本書の定価についてご意見をお聞かせください

1　高い　2　安い　3　手ごろ　4　その他(　　　　　　　　)

本書についてご意見をお聞かせください

どんな出版をご希望ですか（著者、テーマなど）

　このバランスをとるということが、実は日本の特徴ではないかと思います。先生がおっしゃったように、権威と権力が存在するだけでは、お互いうまく成長するわけではありませんが、バランスを取るから、どちらか極端にブレることもないわけです。それが日本の特徴であろうという気がしてなりません。

「ビッグバン」理論と古事記の意外な親和性

加瀬　第二章でも見たように、ユダヤ人国家のイスラエルではユダヤ暦という暦を公式の暦として使っています。そして本書が世に出る頃は、ユダヤ暦で5778年でしたね。

馬渕　そうです。ユダヤ教の旧約聖書の「創世記」によれば、この世界を5778年前に神様が作られたわけですね。しかし日本では、まず天地があって、そこから神様が生まれてこられたということになっています。

加瀬　つまり、「ビッグバン」に非常に近い考えなのですね。宇宙は自生した。この古事記に書いてあることが、一番科学に近いのかもしれません。

馬渕　今、そういうことが言われ始めています。量子力学の発達で宇宙の仕組みが解明されてくると、その始まりはまさに古事記に書いてある通りじゃないかと。

私自身は、普通の日本的な仏教徒、つまり自分の家庭が仏教のどこかの檀家で、という意味での仏教徒にすぎませんし、同時に神棚も祀ってきました。だから神道の神様と仏教が共存することに何ら不思議は感じません。

ところが、こうした共存、あるいは曖昧模糊とした感じが受け入れられないというキリスト教徒、イスラム教の方もいるんです。

加瀬　でも中には、クリスチャンでも靖国神社に参拝なさる方もいらっしゃいますよね。日本人としては、それでいいのでは。

馬渕　そうなんです。田中英道東北大学名誉教授がおっしゃっていたのですが、神道は一種の〝コミュニティ宗教〟、共同体の宗教だというのです。一方、キリスト教であれ仏教であれ、これらは個人の宗教だと。

だから、たとえば靖国神社に祀られている英霊の中には、クリスチャンの方もおられるはずです。もちろん、仏教徒の方もおられる。しかし、みんな神社にお祀りされているのですね。

また、家では仏壇で拝み、靖国神社では英霊としてお目にかかる、ということもできるわけです。つまり、日本はうまく自然にそういうバランスがとれているのだと思います。

「わたくし」が存在しない日本の和歌

加瀬　共同体の宗教と個人の宗教という大使のお話で、思い出したことがあります。私はフランス文学のポエム・詩、英文学の詩、ドイツの詩、それぞれに素晴らしいところがありますし、中国の漢詩にもとても良いものがあると思います。

では、日本の和歌・俳句とそれらとの一番大きな違いはどこかと言うと、向こうのものは中国からヨーロッパまですべて個人体験を詠っているわけです。ところが日本の和歌や、一番分かりやすい例として松尾芭蕉の「ふるいけや　かわず飛び込む　水の音」といった句は、個人体験でも何でもありません。

大使も私も、この詩を自分の詩だと思えるわけです。日本の詩歌はすべからくそうで、「わたくし」という英語の「I」という存在がないところが良いところなのです。一方、中国の漢詩は「俺が、俺が」で、読んでいると違和感がありますね。

馬渕　先生がおっしゃる通り、今の言葉で言えば、「個人主義」とでもいうのでしょうか。いや、日本の場合は何て言うんでしょうね。そもそも個人主義のような発想がありませんでしたから……。

加瀬　そもそも「個人」という言葉もやはり外来語で、明治に入ってから訳された新しい日本語なのです。

それに加えて本章の冒頭でも触れましたように、天皇陛下の譲位について大きな話題になりましたが、前にも申し上げた通り、世界の中で一番謙虚な人といったら日本の天皇陛下でしょう。

また、日本の国民も謙虚です。

だから逆に言うと、ちょっと自信がないところもあります。たとえばトランプ政権発足当初も、彼の発言に右往左往し、日本の経済はダメになるんじゃないかと、いつもビクビクしていました。

こんなに成功している国はないというぐらい日本はしっかりしている反面、成功に見合うだけの自信がこれほどない国民も珍しい。

ただ、この自信のないところが、素晴らしさと表裏一体だと思うんです。自信がないから、外のものを一生懸命に学ぶ……。

だとすると、トランプ政権の登場やら、国際環境の変化やらでビクビクしているのは、むしろ日本の力＝謙虚さが維持されていることの証しでもあるのです。

経済活動も「神事」という日本の強み

馬渕　私も日本は日本らしく、独自の文化に誇りを持って物事に取り組めばいいと思います。実際、我々は気付いていませんが、実は神道と経済も共存していますからね。

先ほど新嘗祭の話もありましたけれど、まさに稲作が日本の経済の基本です。これまで農業を栄えさせることによって、日本はまとまってきたんですよ。それは今のＴＰＰ、ＦＴＡといった自由貿易の議論にも関連してくること。農業と工業は同じレベルで議論してはいけません。農業があってこその工業なのです。

古事記の世界、神道の世界に帰りますと、そういうことが腑に落ちてきます。ところが、今のように自由貿易やグローバリズムが良いことだというところからしか物事を見ないので、農業も工業も一緒くたになってしまう。

実際、高天原では神々も農業をやり、あるいは蚕《かいこ》を飼っていました。だから我々にとって経済というのは、つまりは「神事」ということなのです。

要するに、労働というのは神様と出会うことだったのです。だから、神道と経済も当然、共存しているのです。しかし、我々がそういう意識を忘れてしまっているのが、今の最大の問題だと思われてならないですね。

加瀬　アメリカやヨーロッパの資本主義経済は、株主が一番良いものを取っていってしまいます。ところが日本の場合は、経営者ですらそんなに高給を取ってはいません。

馬渕　そうですね。

加瀬　みんな横並びで一生懸命働きます。企業は株主のために存在しているなどという発想は、およそ出てくることはあり得ません。

馬渕　そうだと思いますね。天皇陛下が国全体を、そして国民をどう見ておられたかというのと似てると思います。つまり、昔から陛下にとって国民というのは大御宝だったわけです。

同様に、企業の社長にとっても社員というのは大御宝だというのは、我々には何となくわかります。だから加瀬先生がおっしゃったように、せいぜい私の理解する限りでは、昔の社長といわゆるお茶汲みの女の子とでは――こういう言い方は、今は差別語になるのでしょうが――10倍くらいしか給料は違わなかったんですよ。

ところが今は、外資系は言うに及ばずで、ゴーンさんをはじめ外国人を社長にしている企業では、そんな可愛いものではありません。社長が社員の何百倍もの給料をもらっているわけです。こんな状態は、我々日本人の感覚に合うはずがないと思います。

「新大陸発見」という文化破壊

加瀬　ここまであまり触れてこなかったアメリカについても一言。

そもそもアメリカは、イギリスの清教徒（ピューリタン）が作った国です。彼らがイギリスから宗教的な迫害を受けて、メイフラワー号に乗って大西洋を横断し、今のニューイングランド地方に着いたのが1620年。

その際、地元のネイティブアメリカンたちが出迎えて、食糧などを与えたのです。ところが、メイフラワー号に乗ってきた人たちがヨーロッパから疫病を持ち込んだため、ネイティブアメリカンのほとんどが、1620〜1622年の3年間で死に絶えてしまったのです。

これに対して清教徒が書く歴史書には、「アメリカは神に約束された土地で、ヴァーミン（害獣ども）を神が滅ぼしてくれた」ということになっています。つまり、共存どころかまったくの対立関係なんですよね。

馬渕　我々は、そういう歴史を「新大陸の発見」という形で教えられてきたわけです。ところが、そんな華々しいものではなくて、実は昔からある文化を破壊したことが、西洋人の言う「新大陸の発見」だったわけですね。

人類が対立から調和へと転換する時期

馬渕　そろそろ、人類の過去の罪といいますか、そういうものをもう一度振り返ってみて和解をする、そんな時期に来ているのではないかと私は思っています。

ネイティブが持っていた元々の文化というのは、それぞれ素晴らしいものだったわけです。もちろん、ユダヤ教、キリスト教、イスラム教が〝まったくの悪〟とまでは言いませんが、一神教の教義が一切相手を認めないことは、こうしたアメリカの成り立ちを見ても確かだと思います。それが世界に様々な混乱、紛争をもたらしてきたという側面があるでしょう。おっしゃる通り、今、そういうものに対する反省期にあるのではないでしょうか。

何も一神教を叩けという意味ではありません。一神教を信奉する方も、我が神道も含めた信仰に対して敬意を払っていただく。そういった時期に来ているのではないかと思えるのですね。

加瀬　言葉、論理、真理を重んずると、必ず対立が生まれます。ところが、第一章で紹介したオーストロネシア語圏では、日本も含めて、対立ではなくて調和なのです。そうした

「和」の精神こそが、これからの世界にとって大切だと思います。

馬渕　今おっしゃったことを、別の観点から私なりに言いますと、宗教としての理想というと変かもしれませんが、純粋な側面と、我々がこの世界で物欲にまみれながら生活しているという世俗的な側面、この二つのバランスをどうとるかが問題ではないかと思います。

宗教としては「平和」「寛容」であっても、しかし実際にはまさに旧約聖書の内容にもあるように、歴史的にも戦争や虐殺ばかりしてきたわけです。そういうことを踏まえると、「我々人類の目指すところは平和と寛容だ」と言われても、そのギャップがどうしても感じられてしまう……。

さらに、それがその時々の環境によって、原理主義が強くなるということに振れたり、あるいは平和、寛容の精神が強く出てくる方向に振れたりということになるわけです。

前にも触れましたが、ユダヤ教もキリスト教もイスラム教も、その教えの真髄は「汝自身を愛するごとく、隣人を愛しなさい」なのです。私が聞いた限り、ユダヤ教の指導者もキリスト教の神父さんもイスラム教の指導者も、みんな「これこそが真髄だ」と言っていました。無論これこそが平和と寛容の精神であることは分かりますが、しかし現実社会で世俗との絡みが生じてくると、そうも言っていられないことが多々起きてくるわけです。

加瀬　我々が読むと、ユダヤ教の旧約聖書もキリスト教の新約聖書もイスラム教のコーランも、書いてあることに全部整合性があるわけではありません。矛盾したところがたくさん出てくるわけです。

そのわけは、聖書もコーランも人が書いたものだからです。こんなことを言うと敬虔なご信者からは叱られるかもしれませんが……。

和の力で実現するジャパンファースト

馬渕　私は実務家でしたから現実的に考えますと、各々の個人もそうだし、社会全体としてもそうだし、国全体にしてもあるいはそうかもしれませんが、皆それぞれ役割が違うわけです。自分が正しくて相手が悪で、だから相手を叩くことによって歴史が発展するというような歴史観では、決して動いていないんですね。お互いが違った役割を果たすことによって、調和が保たれるのではないか。それによって、社会が発展していくのではないか。そういう社会発展論の違いにまでつながる話だと思います。

自分の論理に賛成する者とそうでない者とを分けると、当然いらぬ摩擦が出てくる。それで今、世界が少し疲れてきたのではないでしょうか。

加瀬　だからこれからの世界は、論理が支配する世界ではなくて、日本の和の精神が世界を作らなければならないのです。

馬渕　おっしゃる通りですね。それが最初におっしゃった感性の世界。これからは感性の世界になっていくのではないかと。だから今、巷に「これからは日本の世紀だ」というフレーズが広がりつつありますが、結論的にはそうだと思います。

まさに和の精神、感性の精神こそが大事になってくると。それは——良い言葉が出てきませんが——疲れた世界、論理の闘争に疲れ果てた世界に対して、何らかの〝和み〟をもたらすのではないかと思うのです。

加瀬　言葉の上でなくて、心の上に築かれた世界を招き寄せたいですよね。

馬渕　そうですね。それがまたおっしゃるように、この本の一つの大きなテーマでもあります。まさに日本らしい国家といいますか、日本らしい国づくりですね。これこそが、ジャパンファーストであるのだろうと。

トランプも、ジャパンはジャパンファーストで行ってくださいって言っているのですから、我々はこれを機に日本らしい国づくりのために邁進すべきだと思います。

加瀬　今年2017年から来年2018年は明治維新から150年。メイク・ジャパン・グレート・アゲインですね。

馬渕　おっしゃるとおりだと思います。

おわりに

本書は読者の方々の「心」に訴えるために書かれました。なぜなら、21世紀は「心の時代」であるからです。心の重要性は、私たち日本人が太古の昔から大切にしてきた価値観でした。

加瀬英明先生とは、今回初めて時間をかけて対談させていただきました。対談は加瀬先生の的確なリードに従って進みましたが、そのおかげで日本の伝統的価値観を分かりやすくお伝えすることができたのでは、と喜んでおります。

加瀬先生は『ブリタニカ国際大百科事典』の日本語版初代編集長を務められましたが、この対談での先生の博識はまさしく百科事典のように、どのような話題についても尽きることがありませんでした。しかも、単なる知識ではなく言葉の隅々に物事の本質が窺え、私の知的好奇心が大いに刺激されました。

本書は多岐にわたる事項を取り上げましたが、全体としては一本の糸に貫かれています。もし読者の方々が本書を読まれて何かを感じ取っていただけたとするならば、それは私たち二人が良き日本を将来の世代へ伝え残したいという共通の熱い思い――そういう一本の糸――から行った対談の内容に、共感してくださったからだと確信しております。

本書は比較文化論でもあって内容は高度ですが、読みやすく書かれています。その理由は、本書の中で何度も触れました通り、加瀬先生も私も「感性」を重視しているからです。「知性」は重要ではありますが、古代から日本人は知性だけでは社会は円滑に運営されないことを感じ取っていました。

知性が生かされるためには、感性が必要なのです。本当の知性は感性を包含しているともいえます。知性と感性のバランスがとれた状態こそ調和の世界です。やまとことばが「言霊」であるのも、物事の表現振りに知性と感性の調和が見られるからなのでしょう。読者の方々が、本書の中に言霊の響きを感じていただけたなら、望外の幸せです。

＊　＊　＊

対談を通じて、なぜ日本的な生き方が世界を救うことができるのかを、改めて確信することができました。「理性」で相手をやり込めるのではなく、感性で相手の心に訴えることによって調和を実現しようという日本古来の知恵が、熾烈なグローバル競争に疲れた21世紀の現代人の心を癒してくれるからです。

本書の中で触れましたが、ウクライナの高校生が授業で川端康成の『千羽鶴』を読んで、「日本の伝統文化は世界を平和に導く」との感想文を寄せてくれました。理性で「黒白の決着」をつけるのではなく、「黒白の調和」を考える文化が世界から紛争をなくしてゆくことにつながるというわけなのです。

加瀬先生が指摘されたように、わが国の建国の理念である「八紘一宇」は、「世界の各国が自らの生き方を守って、世界という屋根の下で幸せに暮らそう」という〝世界平和の思想〟です。言い換えれば、各国がそれぞれの独自性を発揮することによって、世界全体として調和が保たれ発展するということです。

この思想は、アメリカのトランプ大統領が訴えた「アメリカファースト」「各国ファースト」の精神と通底するものがあります。アメリカはアメリカの国内問題を最優先に考えるが、各国もそれぞれが抱える国内問題の解決を優先して、その前提に立って各国との友好関係を進めてゆきたいというのが、トランプ大統領の世界戦略です。世界も調和を目指し始めてきたといえるでしょう。

＊　＊　＊

今、グローバリズムとナショナリズムの戦いが世界的規模で進行中ですが、この二つを架橋する思想が「八紘一宇」の精神といえます。我が国の伝統的知恵はグローバリズムを排撃するのではなく、グローバリズムとの共存を考え出すところにあります。グローバリズムを日本化した思想が「八紘一宇」といえるのです。世界が「八紘一宇」の精神を共有することによって、グローバリズムとナショナリズムの戦いに終止符を打つことができるのではないでしょうか。この点にこそ、世界平和への日本の役割があるわけです。

ところで、日本が「八紘一宇」の精神を発揮して世界を救うことができるか否かは、皇室が安泰であることが必須の条件です。我が国の伝統文化は皇室の存在を前提にしています。譲位法を契機として女性天皇や女性宮家創設などの動きが国会を中心に高まっていますが、天皇陛下や皇室は理性や法律論で議論する対象ではありません。

加瀬先生が第六章で新年の「四方拝」について詳しく解説されましたように、天皇の最も重要なお仕事は、国家の繁栄と国民の幸せを祈ることです。このお仕事は、天皇個人の問題ではありません。天皇の祈りは天照大神の祈りであり、天皇と天照大神は同体であられるわけです。だからこそ、天皇の祈りは日本国家と国民を守ることができるのです。

天皇は、「唯物論」では決して理解することはできません。感性が必要なのです。古来、私たちはこの感性を持っていました。だからこそ、2600年前の建国以来一貫して国体が維持されてきたのです。国民の天皇を敬愛する気持ちが皇室を守り続けてきたわけです。

＊　＊　＊

本書は読者の方々に日本という国を大切にすることを訴えてきましたが、本来国民が自らの国を大切に思うことは議論するまでもなく当然のことでした。現在でも、世界各国では愛国心は当たり前のことで、愛国心を持たない国民など事実上いないと言っても良いくらいです。

しかし、我が国だけは例外なのです。なぜ、私たち日本人は国を愛する気持ちを持てなくなったのかは、稿を改めて論じなければならない大きなテーマです。しかし、本書の対談が読者の方々にとって日本を大切に思う気持ちを持っていただく契機になるならば、著者として幸いに思います。

今回本書が出版に至ったのは、ＤＨＣテレビでこの対談番組を企画立案された濱田麻記子社長のご尽力のお蔭です。ここに記して深く感謝いたします。

馬渕睦夫

平成29年8月吉日

本対談は、DHCテレビジョンの番組『日本らしい国づくり』vol.4〜vol.10の内容を、加筆・修正したものとなります（2016年10月〜2017年4月に収録。番組アシスタント：村松えり）。

映像版は、DHCテレビジョンの公式チャンネル（YouTube、ニコニコ動画）で配信を行っております。本書に収録されなかった内容もございますので、ぜひご覧下さい。

DHCテレビジョン：https://dhctv.jp/

著者略歴

加瀬英明（かせ・ひであき）

昭和 11（1936）年 12 月生まれ。慶應義塾大学、エール大学、コロンビア大学に学ぶ。『ブリタニカ国際大百科事典』初代編集長。昭和 52 年より福田・中曽根内閣で首相特別顧問、日本ペンクラブ理事、松下政経塾相談役など歴任。著書に『ジョン・レノンはなぜ神道に惹かれたのか』（祥伝社）、『昭和天皇の戦い』（勉誠出版）、『いま誇るべき日本人の精神』（KK ベストセラーズ）、『日本の奇跡、中韓の悲劇』（石平との共著、ビジネス社）など。

馬渕睦夫（まぶち・むつお）

元駐ウクライナ兼モルドバ大使、前防衛大学校教授。1946 年京都府に生まれる。京都大学法学部 3 年在学中に外務公務員採用上級試験に合格し、1968 年外務省入省。1971 年研修先のイギリス・ケンブリッジ大学経済学部卒業。外務本省では、国際連合局社会協力課長、文化交流部文化第 1 課長等を歴任後、東京都外務長、（財）国際開発高等教育機構専務理事を務めた。在外では、イギリス、インド、ソ連、ニューヨーク、EC 日本政府代表部、イスラエル、タイに勤務。『日本人が知らない洗脳支配の正体』（髙山正之との共著）『日本「国体」の真実』（以上、ビジネス社）、『グローバリズムの終焉』（KK ベストセラーズ）、『2017 年世界最終戦争の正体』（宝島社）など著書多数。

「美し国《うまし》」日本の底力

2017年10月 1 日　第 1 版発行

著　者　加瀬英明　馬渕睦夫
発行人　唐津 隆
発行所　株式会社ビジネス社
〒162-0805　東京都新宿区矢来町114番地　神楽坂高橋ビル５階
電話　03(5227)1602（代表）
FAX　03(5227)1603
http://www.business-sha.co.jp

印刷・製本　株式会社光邦
カバーデザイン　中村　聡
本文組版　茂呂田剛（エムアンドケイ）
営業担当　山口健志
編集担当　大森勇輝
編集協力　望月太一郎／高松香織・高谷賢治（DHC テレビジョン）

ISBN978-4-8284-1979-4